LE SPECTATEUR FRANÇOIS.

TOME SECOND.

LE SPECTATEUR FRANÇOIS;

PAR M^r DE MARIVAUX.

OU

RECUEIL

DE TOUT CE QUI A PARU, imprimé sous ce Titre.

NOUVELLE EDITION,

Revûë, corrigée & augmentée de plusieurs Pieces détachées du même Auteur,

TOME SECOND.

A PARIS,
Chez PIERRE PRAULT, Quay de Gesvres, au Paradis.

M. DCC. XXVIII.

Avec Approbation & Privilege du Roy.

PIECES
DÉTACHÉES
ECRITES
DANS LE GOÛT
DU
SPECTATEUR
FRANÇOIS.

AVERTISSEMENT DE L'IMPRIMEUR.

J'Ai crû pouvoir joindre au Spectactur François, Differens Morceaux du même Auteur, qui ont paru dans plusieurs Mercures, & qui alors, à ce qu'on dit, y furent lûs avec plaisir. Cependant comme l'Auteur étoit extrêmement jeune, quand il les a faits; je suis chargé de demander au Public de l'indulgence pour eux.

PIECES DÉTACHÉES

ECRITES DANS LE GOUT DU SPECTATEUR FRANÇOIS.

*Lettre de M. de M** contenant une Avanture.*

J'Ai reçû votre lettre, mon cher ami. L'avanture dont vous m'y faites le recit, est particuliere, & vous avez, dites-vous, de l'admiration pour une femme qui meurt de douleur, aprés avoir appris l'irréparable infidelité de son amant, un si prodigieux excès d'amour vous penetre de respect pour elle, & je n'en suis point surpris, car vous aimez. Cette tragique hiftoire fait un exemple du caractere d'amour, que vous souhaitteriez pour vous à votre maitresse; mais cruel! en le lui souhaitant, songez-vous aux consequences? je la garantis morte, si vous êtes exaucé, & morte peutêtre dans huit jours: peutêtre le hazard va-t-il vous presenter un visage aimable, dont la proprietaire armera toute la coquetterie contre vous. Vous aurez des yeux, un cœur & de l'amour propre; vous vous amuserez à regarder avec plaisir; vous aimerez à plaire; voilà votre maîtresse à son dernier soûpir; vous acheverez de vous gâter la nuit par de flatteuses & de reconnoissantes réflexions; la voilà morte. Où est-il le cœur de tout sexe, dont la loyauté ne perisse dans les dangers dont je parle? & que deviendroient les amans, si l'inconstance de l'un étoit un arrêt de mort contre l'autre? les hommes & les femmes tomberoient autour de nous par pelottons; on ne pourroit compter sur la vie de personne, & je conçois qu'il ne resteroit plus sur terre que quelques gens, qui par cas fortuit, se seroient mutuellement portés un coup fourré d'inconstance. Juste Ciel! que de trepas indiscrets & scandaleux ne verroit-on pas? que de dévots reconnus pour hypocrites après leur mort! eux, dont la bonne odeur ne subsiste qu'à la faveur du secret qui derobe leurs foiblesses. Que de meres détrompées de l'innocence de leurs filles! que de maris credules, & qui ne pourroient plus l'être! que de vieilles femmes ridiculisées, en cessant de vivre! mais grace à Dieu, nous n'avons rien à craindre de tout cela. La nature plus sage que vous, mon ami, ne donne pas à l'amour un si grand credit sur les cœurs; le pouvoir qu'elle lui laisse, va tout à l'avantage du genre humain, & loin d'être homicide, il n'est dangereux que par le contraire. On pleure l'inconstance de son amant ou de sa maitresse, on la soupire; voilà le plus grand inconvenient d'un amour trahi; encore ne voit-on passer par ces peines que ceux dont la nature a manqué le cœur; je veux dire, que c'est un vice dans son ouvrage, que cet excès de sensibilité qu'elle y laisse. Sa regle generale est plus douce, & les amans abandonnés, en sont quittes pour quelques chagrins que le moindre amusement écarte, & qui ne s'apperçoit que dans ceux qui ne veulent pas se gêner; je ne sçai même si le plus grand nombre n'en est pas quitte à moins: quoiqu'il en soit, pour payer vôtre petite histoire par une autre, je vais vous raporter un exemple sur lequel vous pouvez, presque à coup sûr, tirer l'horoscope de votre maitresse, en cas que vous deveniez infidele.

J'étois, il y a quelques jours, à la campagne, chez un de mes amis: nombre de Dames & de Cavaliers s'y étoient rassemblés. Il me prit fantaisie, un matin, d'aller me promener seul dans le bois de la maison: je m'enfonçois déja dans les routes les plus obscures, quand la pluye me surprit; pour l'éviter, je courus vers un cabinet que je vis assez près de moi. J'allois y entrer, quand j'entendis parler: je prêtai l'oreille; c'étoit deux Dames de notre compagnie, qui s'y étoient apparemment refugiées avant moi. L'une d'elles, un moment après, poussa quelques soûpirs qui me donnerent la curiosité d'en apprendre la cause. Je suis jeune: ces soûpirs me présageoient de l'amour; je crûs qu'il seroit bon de voir comment ces deux femmes en traitteroient à cœur ouvert: j'en pouvois tirer des consequences generales, & m'instruire moi-même, en cas d'accident, du plus ou moins de sûreté qui se trouvoit dans les petites façons exterieures du sexe. Helas! ma chere, *dit la Dame*, qui me sembloit avoir soûpiré, ne me reproche point ma mélancolie: ne sçais-tu pas que Pyrame est absent, & que je ne le verrai de six mois; ah! *répondit l'autre*, en éclattant de rire; gageons que ton cœur a pillé ce ton-là dans Cléopatre. Que tu es folle à contre-tems, dit l'affligée, si tu étois à ma place, tu n'aurois pas le mot pour rire. Ne te fâche pas, ma bonne, repliqua l'autre; je t'avoüe que j'ai ri d'étonnement : tu ne dois voir ton amant de six mois; tu te prépares, ce me semble, à gémir autant de tems; il n'est pas jusqu'au son de ta voix que tu n'ayes mis en deüil : cela m'a paru singulier. Je connois bien cette espece d'amour languissant & tous ses devoirs, mais franchement je n'ai pas crû que ce fût celui dont le cœur se servît dans l'occasion. Je l'ai pris pour cet amour qu'on imprime, & dont on remplit de gros volumes de Roman: & tu te joües à mourir de fatigue, si tu veux imiter ces amantes que ce fou de la Calprenede a faites avec une plume & de l'encre. Il faut s'imaginer, ma chere, qu'un cœur romanesque fournit plus d'amour lui tout seul, que n'en fourniroit tout Paris ensemble. Ne prens pas ce que je te dis pour un manque d'experience: nous sommes seules. Au moment où je te parle, j'aime; mon amant est absent, non pas absent comme le tien, qui n'est allé que chez son pere; il est à l'Armée; le voilà bien en risque; il pleuroit en me quittant ; je pleurai de même, & les larmes m'en viennent encore aux yeux. Tout cela est à sa place ; mais, ajoûta-t-elle, en riant, je veux dire en mariant une folie plaisante avec ses pleurs ; je verse des larmes, & n'en suis pas plus triste ; bien au contraire, ma chere, je ne pleure que parce que je m'attendris ; mais mon attendrissement me fait plaisir, & les larmes qu'il amene, sont en verité des larmes que je répands avec goût. Je ne sçai pas si tu comprens comment cela s'ajuste ; je suis tendre autant qu'on peut l'être. je tremble pour mon amant sans inquiétude ; je le desire ardemment sans impatience ; je gémis même sans être affligée, & tous ces mouvemens ne me sont point à charge ; souvent je les réveille, de peur d'être oisive ; ils me suivent où je vais ; ils se mêlent à mes plaisirs ; ils ne les rendent que plus touchans ; c'est comme une provision toute faite de réflexions douces, qui ne m'en tiennent que plus disposée à la joye, quand j'en trouve. Je me dis à moi-même ; je fais la paſſion d'un homme aimable ; cette idée me flatte, c'eſt une preuve de merite ; je m'en eſtime avec plus de ſûreté de conſcience, & je ne ſuis pas fâchée de trouver alors ſur mon chemin un hommage de petits ſoins : je m'en amuſe ſans ſcrupule; ils me repetent ce que je vaux: je les encourage quelquefois par un coup d'œil, un geſte, un ſouris, & je te jure enfin, que mon amant ne m'eſt jamais plus cher, que quand je me ſuis prouvé, qu'il ne tient qu'à moi de lui donner des rivaux. A leur égard, je ne les aime point, ce me ſemble ; cependant ils me plaiſent ; mon amour propre a de l'inclination pour eux, mais je ſens bien confuſément qu'eux & mon cœur n'ont rien à démêler enſemble ; voilà tout ce que j'en puis dire, & voilà comme on aime, ma chere : croismoi; regle-toi là-deſſus : & que deviendrois-tu donc, ſi ton amant venoit à changer? ah ! de quoi parletu là, s'écria l'autre? ah, mon Dieu, tout me fremit ! Lui, changer : toi qui aime ſi fort à ton aiſe, comment te ſauverois-tu de la douleur la plus vive, & peutêtre du déſeſpoir, s'il t'arrivoit ce que tu me fais craindre? Eh, que me dis-tu, répondit l'autre? avec ta douleur la plus vive, & ton déſeſpoir; du dépit encore paſſe : du dépit, juſte Ciel! du dépit pour une perfidie, dit l'autre Dame; oh, je n'en ſçai pas davantage, reprit ſon amie; & je n'ai jamais connu d'autre accident en pareil cas : je te parle bien naturellement comme tu vois, mais je t'aime, & tu as beſoin d'inſtruction.

Et je vais, pour te la donner plus ample, te faire un abregé ſuccint de mes petites avantures.

A neuf ans on me mit dans un Couvent, avec intention de m'engager à des vœux : j'avois une ſœur aînée à qui mes parens deſtinoient leur héritage : ils crurent devoir commencer de bonne heure à me ſouſtraire du monde, afin que l'ignorance de ſes plaiſirs, m'empêchât de les regretter, & que la victime, dans un âge plus avancé, ignorât du moins tout ce que lui déroboit ſon ſacrifice ; j'y reſtai trois ans avec tranquillité, & j'y reçûs une éducation devote, qui porta plus ſur mes manieres, que ſur mon cœur; je veux dire, qui ne m'inſpira point de vocation, mais qui me donna l'air d'en avoir une. Je promis tout autant qu'on voulut que je ſerois Religieuſe, mais je le promis ſans envie de le devenir, & ſans deſſein de ne pas l'être. Je vivois ſans réflexion; je m'occupois de mon propre feu ; j'étois étourdie & badine ; je joüiſſois de ma premiere jeuneſſe, & je m'amuſois de tout cela, ſans en deſirer davantage.

Il eſt vrai que ce cœur vuide de goût pour la clôture, & qu'on n'avoit pû tourner à l'amour de la Regle, quoiqu'il ne ſouhaitât rien encore, ſembloit deviner par ſon agitation ſolâtre, qu'il étoit d'agréables mouvemens qui lui convenoient, & qu'il attendoit que les mouvemens lui vinſſent ; & l'accident que je te vais dire, me débroüilla tout cela.

Une de nos petites Penſionnaires

tomba

tomba malade : sa mere qui l'aimoit beaucoup, ne voulut point la confier aux soins du Monastere ; elle vint la chercher, & demanda à me voir, parce que mes parens l'en avoient priée. Je fus donc au parloir ; & j'y perdis sur le champ mon ignorance.

J'y vis un Cavalier ; c'étoit le fils de la Dame en question : nos yeux se rencontrerent ; je sentis ce qu'ils se dirent, sans être étonnée de la nouveauté du goût que j'avois à voir ce jeune homme ; & la conversation que mes yeux eurent avec les siens, n'eut de ma part aucun air d'apprentissage. Si je pechai, ce fut par un excès d'éloquence, dont à present je retranche un peu dans l'occasion ; je n'ai point appris à mieux dire que j'aime, j'ai seulement appris à le dire un peu moins.

La Dame, qui emmenoit sa fille, me parla conformément aux instructions que mes parens lui avoient données ; me vanta les charmes du Cloitre, & mit sa main dans sa poche, pour chercher des lettres qu'elle devoit me rendre de la part de ma mere. Heureusement elle les avoit oubliées; son fils s'offrit sur le champ de me les apporter, & avant qu'il eût parlé, j'avois déja compris & souhaitté ce qu'il devoit dire. Je l'en remerciai par un regard, dont je vis bien qu'à son tour, il avoit senti la necessité, puisque je lui trouvai déja les yeux sur moi.

Enfin, ma chere, après quelques discours fatiguans, sa mere sortit, avec promesse de renvoyer son fils me porter mes lettres; & de mon côté, je m'en allai dans ma chambre donner du progrès à mes sentimens, les goûter à l'aise, & contempler l'image de mon vainqueur. Au retour de ma méditation, on ne me vit plus, ni si badine, ni si vive; mais en revanche, j'étois negligente & distraite; non que j'eusse perdu ma gayeté, mais elle se répandoit moins au dehors. Je joüissois d'un plaisir secret qui m'occupoit tant qu'il arrêtoit ma dissipation; & pour vacquer à mes petites réflexions, j'oubliois tout le reste.

Cependant, le jeune homme revint; il me demande; une Religieuse me suit au parloir. Que je la haïssois-là! mais le hazard m'a toûjours servi assez fidellement: une Sœur converse vint pour parler à ma Religieuse, cela nous fit un moment de liberté, dont le Cavalier & moi profitâmes, parce que nous en étions tous deux également avides; il me glissa adroitement avec mes lettres, un billet qu'un serrement de main m'avertit être mysterieux; ma main lui redit aussi-tôt que j'entendois la sienne. Je rougis pourtant de ce geste mis en replique; il le vit, & pour m'enhardir, le petit fripon me baisa la main. Ce qui est de plaisant, c'est qu'effectivement j'en devins moins honteuse; mais mon importune compagne, la Religieuse, retourna la tête à l'instant le plus interessant de notre action; elle en surprit toute l'ardeur sur le visage du jeune homme, & tout le consentement sur le mien; & la Nonne commença à rougir, où j'achevois de le faire.

Monſieur, *dit-elle au jeune homme ;* en me retirant de la grille, Madame votre mere ne vous a point donné cette commiſſion. Il eſt vrai, Madame, *répondit-il ;* mais une ſi belle main, & mon âge me l'ont donnée ; & je n'ai pas crû que ce fût un mal que de les en croire. Pour moi, ma Mere, *répondis-je*, je n'ai pas eu le tems d'arrêter Monſieur. Allez-vous en, Mademoiſelle, me repartit-elle, Vêpres ſonnent, vous ferez mieux de vous y rendre.

Je fis alors une reverence, où, à travers beaucoup de modeſtie, j'enveloppai je ne ſçai quel air content de mon amant, qu'il dut comprendre, & je me retirai plus curieuſe qu'inquiétte des ſuites de l'avanture ; & dans une impatience extrême de lire mon billet ; il me parut charmant, peutêtre l'étoit-il : je le gardai comme un tréſor, où je puiſois dans mille momens du jour, une agréable vanité : je me regardois comme une perſonne importante ; je n'avois beſoin que de le toucher pour m'eſtimer, & pour treſſaillir de joye. On veilla deſlors mes actions de plus près ; mais au bout de quelque tems je me vis libre par la mort de ma ſœur. On me vint reprendre au Couvent : mon amant eut la liberté de me voir ; ma nouvelle ſituation me ravit au point que j'en étois comme étourdie : les moindres viſites étoient pour moi des plaiſirs ſerieux ; un rien m'étoit beaucoup, ou quelque choſe ; mon amour même augmenta à proportion ; la journée ne ſuffiſoit pas à ſentir ma ſatisfaction.

Voilà quelle j'étois, quand les empreſſemens de mon amant baiſſerent, & quand enfin j'appris qu'il les portoit ailleurs. Je te l'avoüe, ma chere, le jour où l'on m'en confirma la nouvelle, je fus bien une bonne heure où il me sembla que tout étoit deſert dans le monde, & que tout m'avoit abandonné. Dans cette detreſſe, il me vint compagnie ; le monde à mes yeux ſe repeupla ; mon chagrin s'affoiblit ; je me crûs moins delaiſſée ; deux jeunes gens me firent des mines que je trouvai ſinceres ; je me ſentis reconfortée, & je pris tant de courage dans cette ſoirée, que lorſque la compagnie ſortit, je me felicitai de mes nouvelles conquêtes, ſans me reſſouvenir que trois heures avant, je regrettois la perte d'une .. Cette Dame en étoit là de ſon diſcours, quand je fis par mégarde un petit bruit qui la fit taire. Remettons le reſte, dit-elle, à une autre fois, il te divertira. Je me ſauvai là-deſſus, avec deſſein de guetter l'occaſion de ſçavoir la ſuite de l'hiſtoire; je l'ai ſçûë; & comme cette lettre eſt déja très longue; ce que j'ai appris ſera le ſujet d'une autre. Bon jour.

---

*Suite de la Lettre de M. M****

NOn, mon cher, je ne vous manquerai point de parole; je vous ai promis la ſuite de l'hiſtoire en queſtion; vous ſouhaittez que j'entre d'abord en matiere, & je commence.

Je vous ai dit qu'un petit bruit que je fis, avoit interrompu la Dame qui parloit, & qu'elle étoit sortie du cabinet avec sa tendre compagne, dans le dessein de continuer une autre fois son discours. Le lendemain je les épiai si bien toutes deux, que je les vis sur le soir se prendre sous le bras, & se retirer dans le cabinet, d'où j'avois tout entendu la veille ; je me glissai donc à ma place, & je crois être obligé de vous conter la nouvelle conversation qu'elles eurent ensemble, avant que la Dame qui avoit commencé son histoire, la poursuivît.

Hé bien, ma chere, dit la Dame folâtre à son amie ! comment as-tu passé la nuit ? Mon Dieu ! repondit l'autre ! j'ai honte de te le dire. Ah ! j'entends, reprit l'amie; je sçai ta nuit par cœur; je la lûs hier en me couchant. Tu l'as lûë ? tu rêves! dit l'autre : Non, je te dis vrai, repartit-elle ; Je lisois hier *Cassandre* ; l'Auteur suppose son amant absent, & j'en étois aux agitations qui tourmentoient son cœur pendant la nuit; ainsi tu vois bien que je dois sçavoir l'histoire du tien; car apparemment il n'a pas dérogé, & l'exercice de toutes ces nuits-là est uniforme. Tiens, je te dirois de la tienne le commencement, le milieu & la fin, par ordre alphabetique : gageons que c'est d'abord une réflexion cruelle qui produit un soûpir douloureux, ou bien, si tu le veux, c'est le soûpir qui précede la réflexion; car les cœurs de ton espece soûpirent souvent d'avance, en attendant de sçavoir pourquoi.

Il en est d'eux là-dessus, comme de ces Poëtes qui font la rime avant que d'avoir trouvé la raison; mais d'ordinaire, c'est la réflexion qui produit le soûpir; le soûpir à son tour est le pere d'une apostrophe à l'amant absent : cher Pyrame! quand le Ciel permettra-t-il que je te revoye ? En voilà l'exorde : après, on se parle à soi-même; ô fille, ou femme infortunée! *&c.* ensuite, il y a des poses, je veux dire qu'on se tait, qu'on parle, qu'on s'agite; une famille de nouveaux soûpirs naît encore de tout cela; ils ont aussi pour enfans de nouvelles apostrophes à la nuit, au lit où l'on repose, à la chambre où l'on est; car dans cet état le cœur fait inventaire de tout: dis-moi la verité; voilà la genéalogie des actions de ta nuit; voilà du moins comment l'original en est dans *Cassandre.* A la pointe du jour tu t'es endormie d'abbatement, & je gage encore que ton sommeil étoit orageux, nuisible à l'estomac par la quantité des soûpirs qui l'ont gonflé.

Après tant de railleries, répondit l'autre Dame en soûriant, (car sans la voir, je devinois qu'elle soûrioit par son ton,) tu ne merites pas que je te confie ce que j'ai senti cette nuit. Ah! ma toute bonne, repartit l'autre, rends-moi compte, je t'en prie, si tu n'as pas été si tourmentée qu'à l'ordinaire, c'est une fortune que tu me dois: je t'ai donné des remedes qui t'ont soulagée; parles.

As-tu observé, dit l'autre Dame, l'empressement que *Lisidor* marquoit hier au soir pour moi; oüi sans doute, dit sa compagne, & ma vanité commençoit à souffrir un peu de voir tes appas préferés aux miens; (car tu sçais que voilà la regle entre nous autres femmes.) Quand deux Cavaliers ont paru se disputer l'honneur de me plaire, leur hommage m'a raccommodée avec toi : je t'ai pardonné *Lisidor* en leur faveur; je t'avouë qu'alors je t'ai perduë de vûë, & que mon acquisition m'a fait oublier la tienne. Hé bien! continuë, qu'est-il arrivé de cet empressement? mais, dit l'autre, il est arrivé.... j'ai de la peine à te l'avoüer. Que signifie cela? répondit son amie; Pyrame est-il sorti de ton esprit? N'aime-tu plus qu'*Alidor*? je te loüerois de ce double impromptu, si tu n'avois que quatorze ans: je t'ai déja dit qu'à cet âge, mon coeur avoit joüé le même tour à sa premiere inclination; mais à vingt-cinq ans, ma chere, ce n'est plus là pour nous qu'un tour d'enfant: changes, sois volage, quand le cœur t'en dira; à la bonne heure: mais tu n'a pas tant besoin de sçavoir changer de penchant, que tu a besoin de sçavoir changer ta façon d'en prendre. Tu aimois *Pyrame*; il étoit absent; tu t'étois ensevelie dans la douleur : voilà ce qu'on appelle l'amour pris de travers. *Alidor* le chasse subitement de ton cœur, c'est quelque chose; & cela marque qu'on peut te conduire à mieux; mais si tu recommences avec ce dernier un cours de tendresse pareil à celui que tu quittes; si tu vas avec lui doubler encore *Cassandre ou Cleopâtre*; plus de commerce entre nous, je me retire; aussi bien je m'imagine que tu as des devoirs solitaires à remplir, des réflexions à faire sur la honte de ton amour naissant : tu n'as qu'à dire & je te laisse, sur le champ, la liberté d'être honteuse à ton aise : mais si tu veux être raisonnable, faire le profit de ton amour propre & de ton cœur, aimer *Lisidor* parce qu'il te plaît, en te conservant *Pyrame*, parce qu'il t'aime : oh tu seras de ce monde! je suis toute à toi, & je te continuë mes conseils pour ta conversion.

En verité, tu n'es qu'une étourdie, répondit alors l'autre Dame, tu ne m'as pas donné le tems de m'expliquer, & depuis que tu causes, tu n'as combattu que tes chimeres, & point du tout mes idées : Et qu'importe, reprit l'autre ? J'y ai toûjours gagné, puisque je suis femme, & que j'ai parlé longtems ; mais quelle est donc ta pensée ? La voilà, repartit son amie ; c'est que, Dieu me pardonne, il me sembloit cette nuit, que j'aimois *Pyrame* sans douleur, tout absent qu'il est, & qu'*Alidor* me plaisoit encore, sans que je l'aimasse. D'abord cela m'a fait peur à cause de ce pauvre garçon qui est éloigné de moi : je craignois de lui faire tort ; mais, autant qu'il m'en souvient, cela faisoit dans mon cœur un mélange d'amour & de vanité, qui ressembloit assez à ce que tu m'en enseignes. J'ai perdu quelque tems à m'examiner, par scrupule pour l'absent ; mais j'ai vû qu'il n'entroit rien là-dedans contre ses interêts : en effet le chagrin que j'avois en l'aimant, ne lui rapportoit rien. Oh ! si fait, si fait ; il lui rapportoit, reprit son amie, en soûriant ; ce chagrin-là n'étoit qu'un dévoüement de ton ame à une fidelité éternelle, & cela ne vaut rien : laisse-la hardiment mourir, cette fidelité ; il n'y a que les duppes qui en font leur objet ; je suis très-contente de toi ; à tes scrupules près, tu marches à pas de geant dans la bonne voye ; avance, & ferme les yeux.

Tu as beau dire, reprit l'autre, je me reproche encore quelque chose ; mais, si *Alidor* continuë à m'en vouloir, j'espere que cela se passera. Bon ! dit son amie ; puisque tu vas jusqu'à l'esperer, cela vaut fait ; jamais ces esperances-là ne trompent. As-tu vû ce matin Alidor ? Je le quitte, il n'y a qu'un moment, dit-elle ; il est venu sçavoir tantôt si j'étois levée. Tu l'étois sans doute, reprit sa compagne. Point du tout, repartit-elle ; comme je n'ai point fermé l'oeil de toute la nuit, j'ai tâché de m'assoupir ce matin ; car tu sçais qu'on est à faire peur, quand on n'a point dormi. Comment, s'écria l'autre; tu crains déja de faire peur. Oh! mon enfant, ton cœur a fait un coup de maître; le mien ne ſçai rien de plus fin. N'importe, reprit la Convertie; tu feras bien de m'achever ta vie, cela me fortifiera. J'y conſens, dit ſon amie; auſſi bien l'habitude d'aimer languiſſamment t'a laiſſé, je ne ſçai quelle bigoterie de langage, dont je veux te défaire. Cela me fortifiera, dis-tu. A t'entendre, on diroit d'une dévote, qui fait une action libertine. Tu ris, mais je veux mourir, ſi cela ne reſſemble.. A propos, de ma vie, où en étois-je? Aux conquêtes que tu fis un ſoir, lui dit l'autre Dame, & qui te firent oublier ſubitement l'inconſtance de ton premier amant: nous y voilà, reprit l'autre.

Je fus le reſte de la ſoirée dans une ſituation de cœur, qui par intervalle, me fourniſſoit des ſecouſſes de joye incroyables. Les deux jeunes gens, qui s'étoient déclarés pour moi, me revenoient dans l'eſprit avec leurs petites façons : à cela ſe joignoit une apparition ſubite des plaiſirs de coqueterie que me vaudroit leur amour. Quelle vûë, ma chere, pour une fille, & pour une fille de mon âge ! auſſi je n'y pouvois tenir, & je treſſaillois entre cuir & chair, tout autant de fois que cela me paſſoit dans l'eſprit. Cela ne m'y paſſoit cependant que d'une façon très-confuſe, parce que la preſence de mon pere & de ma mere me gênoit ; j'en reſervai donc l'examen, & j'en fis ma tâche pour la nuit.

Quand il fut l'heure de ſe coucher, je volai dans ma chambre pour me déshabiller & pour me voir : oüi, pour me voir, car j'étois preſſée d'une nouvelle eſtime pour mon viſage, & je brûlois d'envie de me prouver que j'avois raiſon. Tu penſes bien que mon miroir ne me mit pas dans mon tort ; je n'y fis point de mine, qui ne me parût meurtriere ; & la contenance la moins façonnée de mes charmes, pouvoit, à mon goût, achever mes deux amans.

Te ferai-je le détail de mes petites grimaces? nous sommes toutes deux du même sexe, & je ne t'apprendrai rien de nouveau : tantôt c'est un mixte de langueur & d'indolence, dont on attendrit négligemment une physionomie; c'est un air de vivacité dont on l'anime, d'usage & d'éducation dont on la distingue; enfin ce sont des yeux qui jouent toutes sortes de mouvemens; qui se fâchent, qui se radoucissent, qui feignent de ne pas entendre ce qu'on voit bien qu'ils comprennent; des yeux hypocrites, qui ajustent habilement une réponse tendre; à qui cette réponse échape, & qui la confirment par la confusion qu'ils ont de l'avoir faite.

Voilà en gros les aspects sous lesquels je m'admirai pendant un quart d'heure : je me retouchai, cependant, sous quelques uns, non que je ne fusse bien, mais pour être mieux; après quoi je me couchai remplie de securité sur l'avenir; mais je me couchai sans envie de dormir : j'avois trop bonne compagnie d'idées;

les

les deux jeunes gens, leurs tendres diſpoſitions, ma gloire preſente & future, la bonne opinon de moi-même, tout cela me ſuivit au lit.

Je me mis donc à rêver, & à faire mille projets de conduite : j'arrangeois les diſcours de mes amans & les miens ; j'imaginois des incidens ; je troublois leur repos ; je les calmois ; j'inventois des caprices dont je me divertiſſois de les voir dépendre : & toute jeune que j'étois, je commençois à comprendre la valeur de nos inégalités d'humeur avec les hommes : je jugeois qu'elle nous varioient à leurs yeux, & nous expoſoient ſous differentes formes, dont l'inconſiance les obſtinoit à nous fixer dans la bonne ; mais qu'il ne falloit pas qu'ils puſſent s'en aſſûrer ; & qu'ainſi, leur tems ſe paſſoit à nous chercher, & à ne nous trouver, comme ils ſouhaitroient, qu'à la traverſe.

Voilà, ma chere, juſqu'où portoient alors mes lumieres naturelles : enfin, mon enfant, le ſommeil me prit au milieu de toutes ces idées.

& je m'endormis ſans m'en appercevoir.

Le jour vint; je ne m'étois pas trompée; nos deux jeunes gens étoient bleſſés. A mon égard, j'étois ſaine & ſauve, & je n'avois encore que ma vanité d'intriguée.

Mais l'amour eſt comme un mauvais air que nous portent les amans qui nous approchent. Un des miens fut deux jours ſans venir au logis; mon cœur s'aviſa naïvement de s'en appercevoir; je ne m'amuſai point à me le vouloir cacher; c'eût été trop de peine, & je hais l'embarras qui ne mene à rien. Je pris la choſe tout comme mon cœur me la donnoit; je vis qu'il avoit de l'amour, j'y acquieſçai.

Tu ne le croiras peutêtre pas; mais rien ne nuit tant à l'amour que de s'y rendre ſans façon. Bien ſouvent il vit de la reſiſtance qu'on lui fait, & ne devient plus qu'une bagarelle, quand on le laiſſe en repos. Telle que tu me vois, je ſuis un peu Philoſophe moi. Tiens, j'ai trouvé que la raiſon nous rend nos plaiſirs plus chers en les condamnant. Si l'on s'y attache, on en souffre, & en souffrant, on croit se refuser à des délices; le plus court pour en perdre le goût, c'est de se les permettre, je dis, quand ils ne choquent pas absolument les mœurs que doit avoir une honnête femme du monde; car je ne suis pas une libertine au moins; mais se pardonner quelque amour dans le cœur; n'est pas un si grand crime; & je t'avoüe d'ailleurs que je n'espererois rien de bon de la conduite à venir d'une femme qui combatroit un grand penchant dont elle se voit prévenuë: si le penchant l'entraîne, garre qu'il n'en fasse ce qu'il veut! car elle est bien fatiguée, & ne peut gueres ménager de conditions avec son vainqueur. Il n'est point de gens plus extrêmes dans leurs excès, que ceux qui l'étoient dans leurs scrupules; Ils vont toûjours plus loin que la tentation ne leur proposoit; elle n'a du moins qu'à se presenter pour être obéïe.

Voilà un échantillon de ma Philosophie, & je te le donne pour excuser ma façon d'agir avec cet amour naissant dont je m'aperçûs.

Celui de qui je le tenois, vint le lendemain; il entra dans le moment que je m'occupois à le souhaiter. Comme il me surprit, je n'eus pas le tems de m'empêcher d'être ingenuë; je désirois de le voir; je le reçûs en conformité; en un mot, il connut qu'il me faisoit plaisir; il en devint plus aimable; car en amour, pareille découverte donnera toûjours de nouvelles graces à l'homme d'esprit qui la fait.

Le nouvel agrément qu'il prit, ne m'échappa pas; mon cœur n'en perdit rien; il lui en tint compte, & je ne vis qu'avec plus de complaisance, une passion qui s'augmentoit des faveurs qu'on lui faisoit.

Quelques visites qui vinrent alors, abrégerent le bon accueil qu'il recevoit de moi, non que je lui eusse dit que je l'aimois: j'avois été plus modeste, sans être pourtant moins claire, & j'en avois gliſſé l'aveu ſous des plaintes aſſez empreſſées de ſon abſence.

On nous interrompit donc; j'allai recevoir la compagnie qui venoit, & avec laquelle il ſortit trois heures après.

J'oubliois à te dire que ſon rival en étoit, de cette compagnie; ſa preſence écarta, ſans les renvoyer, les ſentimens de préference que j'avois pour le premier de deux adorateurs. Riſquer d'en perdre un, par trop de naïveté pour l'autre, c'étoit joüer trop gros jeu; & je n'étois pas d'humeur à ruiner les plaiſirs de ma vanité, en faveur de ceux de mon amour.

D'ailleurs, j'étois un peu fâchée que ce jeune homme préferé m'eût fait un larcin de mon ſecret, quand il m'avoit ſurpriſe; & comme il n'entroit pas dans mes petites maximes, que ſa certitude lui durât longtems, je me déterminai, tout d'un coup, à le dérouter en fêtant ſon rival.

Trois ou quatre minauderies, tant en geſtes qu'en paroles, corrigerent le premier de sa sécurité, & firent germer l'espoir dans le cœur du second : de-là, je vis naître des nuages sur le visage de l'un, & la sérenité sur le visage de l'autre.

La paix en souffrit; le favorisé railloit le malheureux; il abusoit insolemment de sa fortune, & le malheureux répandoit un esprit d'envie sur tout ce qu'il répondoit, mais d'une envie douloureuse, plus humiliée que brusque.

Cela me toucha; l'amour dans mon cœur plaida sa cause, & la gagna, mais si adroitement que j'avois déjà soulagé la douleur de ce pauvre garçon, quand je croyois en être encore à décider du parti que je devois prendre.

Voilà les surprises de l'amour, mais t'avoüerai-je toutes mes folies? Ce soir-là, je fis & défis plusieurs fois la même chose, tombant tour à tour, d'un acte de pur amour, dans un acte de vanité; je ne crois pas qu'il y ait rien de si divertissant.

Cependant l'heure de se retirer vint, & mes deux amans sortirent plus piqués, & plus incertains que jamais de leur destinée. Quand je les vis partir, j'étois bien tentée de finir la scene à la satisfaction de mon amour; il n'étoit question que d'un petit tour de gibeciere, du moindre petit clin d'œil, fait en cachette & reçû de même. Je ne sçai pas comment je m'en abstins, en voyant l'air mortifié de celui que j'aimois; mais je regardai ailleurs par un esprit de ménage sur mes plaisirs. Je me dis qu'il falloit en réserver pour le lendemain, & que si mon amant partoit consolé, je m'ôtois la douceur de joüir plus au long, de son inquiétude, & de l'effet de mes bontés.

Je passai la nuit à merveille; il y avoit longtems que je ne m'occupois plus à rêver éveillée; j'avois pris de cet amusement-là, jusqu'à satieté, & je n'y trouvois plus rien de piquant; en effet il n'est bon qu'à des filles novices. Devines qui me rendit visite le lendemain? L'amant de Couvent, mon infidele! Devines encore ce qu'il m'arriva quand on me l'annonça ? t'y attendrois-tu ? Le cœur me battit.

Mais, mon enfant, je songe qu'il se fait tard, dit-elle, en s'interrompant ; on peut nous attendre pour dîner ; remettons le reste à tantôt.

Et vous, mon cher, vous voulez bien que je m'interrompe aussi, avec promesse de vous dire la suite, à condition que je l'apprendrai.

---

*Suite de la Lettre de M. M***

JE vais enfin vous rapporter le dernier entretien des deux Dames en question. Je sors actuellement de ma niche, & elles du cabinet d'où je les ai toûjours entenduës : vous vous souvenez, sans doute, de la difference de leur caractere.

L'une est une coquette badine, qui quand un amant lui plaît, n'y sçait d'autre façon que de l'aimer, que de l'oublier sans y tâcher, quand il l'oublie ; & quand il est absent, que de se divertir, en l'attendant, des

des cœurs étrangers qui lui venoient; & d'employer, dans cet agréable exercice de coquetterie, le tems qu'une autre donneroit au désir impatient de revoir ce quelle aimeroit.

C'est une femme dont le cœur, en amour, est fermé à toute impression fâcheuse, accessible à toute impression agréable autant de fois que le hazard le veut; un cœur, enfin, qui tire parti de tout, qui devenu tendre pour un objet, ne renonce pas pour cela aux autres; mais qui retient pour sa vanité ceux dont son penchant ne s'accomode pas, & qui souvent même dans le même jour, se trouve sensible autant de fois qu'il est coquet.

La compagne de la Dame, que je viens de peindre, est d'un caractere tout opposé; c'est une femme dont le cœur est plus sage & plus neuf, & qui paroît avoir toûjours regardé l'amour comme un péril, dont elle avoit honte de s'approcher; mais le péril, apparemment, l'a pourſuivie; & comme on fuit avec pareſſe, ce que l'on fuit à contre-cœur, le péril l'a ſurpriſe; elle aime.

Oh! vous ſçavez que plus une femme a craint l'amour, plus ſcrupuleuſement le ſert-elle, quand les forces lui ont manqué, & qu'elle ne peut plus s'en défendre; c'eſt en aimant de tout ſon cœur qu'elle ſe délaſſe de la fatigue qu'elle a ſoufferte en combattant; mais elle aime comme un autre remplit un devoir, je veux dire avec une exactitude de ſentimens, qui n'eſt jamais un défaut, & dont elle ſe fait, comme une obligation religieuſe.

L'amant eſt-il abſent pour un demi jour? il faut y rêver ſolitairement, fuir ou défier toute occaſion qui oſeroit réjoüir.

Revoit-on cet amant? il faut un épanchement modeſte de tendreſſe; mais cependant plus tendre que ne pourroit être une joye libertine: il faut ſoupçonner cet amant de n'avoir eû ni l'air ni le cœur aſſez mortifié, pendant ſa courte abſence, &

perdre ses soupçons, après avoir eû le plaisir de sa justification ; lui jurer après, cent fois, qu'on l'aimera toûjours ; car cette repetition de sermens, n'est que dans les paroles ; mais le sentiment en est toûjours nouveau.

Enfin, il entre dans la tendresse d'une femme de ce caractere, une infinité d'autres petites formalités, qui sont toutes de l'invention des cœurs qui étoient sages & timides, avant que d'être tendres.

Telle est donc la Dame à qui sa compagne a déja raconté une partie de ses avantures : elles prirent ensemble le chemin du cabinet, & moi celui de mon bosquet.

Quel livre as-tu dans ta poche, dit la coquette, en ouvrant la conversation ? c'est *Pharamond*, répondit-elle : *Pharamond*, s'écria l'autre ! quoi ! pendant que je travaille à ta conversion, & qu'elle est plus d'à moitié achevée, tu lis encore des livres héretiques. Donne-moi ce livre ; je te défend d'en lire de pareils, sous peine de ma colere; donne, te dis-je : tu n'as pas encore la tête assez forte, pour soûtenir l'air dangereux qu'on y respire.

Il me semble que si, répondit l'autre, & je t'assûre que ce matin mon cœur a déja critiqué dans les amans de *Pharamond*, des lenteurs, des timidités, des fiertés, qui autrefois étoient tout-à-fait de mon goût. J'ai trouvé que ces gens-là s'amusoient trop à respecter, à se fâcher, ou à se plaindre; & que les meilleurs occasions périssoient entre leurs mains: tu vois bien que de pareilles remarques ne me menaçent pas de rechûte.

Ta critique est judicieuse, reprit l'autre : effectivement, si toutes ces folies étoient d'usage, & si les amans d'aujourd'hui se balottoient comme ceux-là, le mariage seroit assez inutile; car on ne seroit d'accord, qu'après quatre-vingt ans de martyre.

Abrége tes réflexions, dit sa compagne, pour m'achever ta vie; je ne ſuis venuë ici que pour l'entendre ; tes coquetteries m'ont d'abord fait peur ; mais à preſent, la comedie m'en plaît.

Je te la donne aujourd'hui, reprit l'autre, mais j'eſpere que tu la joüeras bientôt toi-même : achevons mes avantures, puiſque tu le veux : il ne m'en reſte pas beaucoup ; mais je travaille tous les jours à les augmenter.

J'en étois, je penſe, à mon amant de Couvent, qui s'aviſa de me rendre viſite, quand je ne ſongeois plus à lui.

Le petit infidele avoit entendu parler de mes conquêtes. Le don de mon cœur, autrefois, lui avoit parû plus agréable qu'important : il en avoit oublié la tendreſſe ; mais il avoit oublié de l'eſtimer ; & franchement, quelque aimé que ſoit un amant, quelque amour qu'il ait lui-même, s'il n'eſt glorieux d'avoir acquis le nôtre, c'eſt un amant manqué.

Ce n'eſt pas aſſez qu'il ſoit glorieux de nous paroître aimable ; il faut qu'il le soit de nous l'avoir parû plus que d'autres, qui aspirent à le paroitre aussi bien que lui. Ses rivaux, en lui exagerant ce qu'il vaut, quand il en triomphe, l'avertissent de ce que nous valons nous-mêmes : cette derniere leçon tient son amour en respect, & son orgueil en haleine : il a eû l'honneur de la préference; cela ne lui suffit pas; il reste que cette préference lui soit continuée.

Il ne s'étoit rien passé de semblable avec mon inconstant, quand nous nous étions aimés; mais on ne lui eut pas plûtôt dit que j'avois deux esclaves à ma suite, & que mes appas étoient en haute réputation, qu'il jugea que c'étoit un beau coup à faire, s'il pouvoit ratraper les droits qu'il avoit eûs sur mon cœur; mais il avoit eû ces droits sur un cœur brute, sur un coeur enfant.

Dans le Couvent, j'avois regardé son amour comme un effet étonnant de mon mérite; & le retour que j'avois eû pour lui, n'étoit qu'une admiration de moi-même, qui m'échauffoit, à quoi s'étoit jointe une curiosité puerile d'essayer mes yeux sur un homme, & de voir ce qu'il en arriveroit; de sorte que je n'aurois jamais eû d'amour pour lui, sans l'envie que j'avois eûë d'en avoir pour qui que ce fût, pour sçavoir ce que c'étoit; mais mes deux dernieres conquêtes, & je ne sçai combien de petits amours momentanés, qui naissoient autour de moi, par tout où j'étois, m'avoient guerie de ces enfances; je n'étois plus surprise d'être aimée, & je l'aurois été de ne l'être pas.

Ainsi mon infidele étoit bien loin de son compte; & comme tu vois, de pareilles dispositions ne lui faisoient pas beau jeu.

Cependant je t'ai dit que le cœur me battit quand on me l'annonça; mais ce n'étoit qu'émotion d'orguëil; encore cet orguëil ne le regardoit-il pas. Il revient, me dis-je aussitôt; sans doute c'est le bruit que je fais qui le ramene; je ne me flatte pas quand je crois valoir mieux qu'une autre ; il court dans le monde une estime publique en ma faveur ; le repentir de mon infidele en est la preuve.

Qu'en dis-tu ? pareille idée ne méritoit-elle pas bien une émotion ? le fripon entra donc ; peutêtre crut-il que j'allois traiter froidement avec lui ; & que trop fiere, pour lui rappeller son crime, je serois du moins assez mal-habile pour être sérieuse.

Mais, qu'il s'abusoit le pauvre garçon ! Ah ! vous voilà, mon cher enfant, lui écriai-je au milieu de sa réverence ? vous avez la conscience en peine, je gage, & vous craignez de mourir sans mon absolution. Allez, je suis bonne, & je vous la donne ; ma génerosité va plus loin, je vous permets l'honneur de rentrer dans mes fers ; vous ne vous y ennuïerez pas comme autrefois, & vous aurez bonne compagnie dans votre esclavage.

Ma saillie le déconcerta ; il se prisoit assez pour ne s'y pas attendre, & rien n'est plus sot, en pareil cas, qu'un homme vain qui se trouve innocent, où il se flattoit d'être coupable.

Je vis son embarras; une autre en auroit eû pitié; mais pour moi je ne vaux rien dans ces occasions. Eh, quoi! mon brave, lui dis-je, vous voilà bien étourdi de ne me pas trouver fâchée; rendez-moi compte de vos petits sentimens de présomption.

A cette demande, il me répondit par un béguayement; je me mis à rire de toute ma force. A la fin je ne sçai s'il ne seroit pas mort de honte, ou plûtôt de pure vanité confonduë, s'il n'étoit entré du monde; il se sauva pendant les complimens.

---

*Suite de la Lettre de M. M***

QUelqu'un, qui l'autre jour entra dans ma chambre, quand je vous écrivois, m'empêcha de continuer notre histoire: en voici la suite.

La Dame, qui raconte ses avantures, dit que l'amant, que lui avoit ramené la réputation de ses charmes, s'étoit sauvé de ses plaisanteries, à la faveur d'une visite qui survint.

Il s'éclipsa si adroitement, continua-t-elle, que je ne m'en aperçus pas : sa retraite me fit rire, & je n'y songeai plus. Une Dame de la compagnie proposa une partie de Comedie; on me demanda à ma mere, & nous y allâmes; j'y retrouvai mon fugitif; il étoit dans une loge, voisine de la mienne, avec deux Dames, dont l'une me parut une brune fort aimable, sans être belle; c'étoit un de ces visages de goût, dont les traits ont je ne sçai quelle heureuse irrégularité, & qui n'en valent que mieux de n'être pas beaux. j'ai toûjours appellé ces phisyonomies-là, d'agréables fantaisies de la nature, qui n'amusent jamais les yeux qu'aux dépens du cœur. Oüi, ce sont de ces phisyonomies à part, qui ne ressemblent à rien; on aime à les voir, sans s'aviser de les craindre; on les regarde avec un plaisir de bonne foi, qui n'avertit pas de ce qu'il est. Il y a des visages d'ostentation, déclarés dangereux, quand on vient à les aimer; on n'en a point été la dupe, on avoit présagé l'avanture; mais les phisyonomies dont je parle, ne font point de fracas; rien n'est d'abord plus familier, leur charme agit sans faste, il ne prélude pas avec un cœur, & l'on est tout surpris de se trouver un amour dont on n'avoit pas eû la moindre nouvelle.

Tu ne te douterois pas des petites raisons que j'ai de caracteriser ces friponnes de phisyonomies-là; c'est que je connois leurs mauvais tours par experience.

J'en ai rencontré une de cette espece; je croyois, quand elle me plaisoit que c'étoit sans consequence; je le disois par tout très-innocemment; celui qui la portoit, vint un beau matin prendre congé de moi pour un petit voyage qu'il alloit faire. Jusques-là je ne l'avois crû que mon ami: quand il partit, je le trouvai mon amant; mais il n'eſt pas tems d'en venir à lui.

L'aimable Brune dont je t'ai parlé, me parut prendre quelque interêt au jeune homme en queſtion ; & le jeune homme fit tout ce qu'il put pour me faire remarquer cet interêt.

L'intelligence de ces petites façons me vint ſur le champ (vous m'avez mépriſé, vous voyez cependant que je vaux quelque choſe) voilà le langage muet qu'elles m'adreſſoient.

Là-deſſus je pris, tout d'un coup, mon parti ; j'aurois été fâchée qu'il eût crû que je le comprenois ; encore plus fâchée qu'il eût vû que je refuſois de le comprendre ; car en pareil cas, c'eſt être trop au fait, que de n'y vouloir pas être.

J'appellai donc à moi toute mon induſtrie, pour cacher l'attention que j'avois, & pour dérober que je la cachois.

Je penſe que je me tirai d'affaire : tantôt je parlois aux perſonnes de ma loge ; je regardois de tous côtés indifferemment ; je me fis enfin de ces postures oisives, de ces regards dissipés, qui ne tombent sur rien, & qui tombent sur tout, & dans une curiosité vague où le hazard dispose.

La nature n'est pas plus vraïe que mon art dans ces occasions; c'est un talent qui m'a souvent bien rejoüie; le petit bon-homme crut assûrément avoir perdu ses peines; j'en jugeai du moins par le ralentissement des soins qu'il se donnoit pour être entendu de moi.

Pendant ce tems-là, je méditois de ma part un coup de coquette, dont je goûtois le plaisir par avance, car il ne me vint pas un moment dans l'esprit de douter du succès, & voilà ma façon de penser: écoutes donc quel étoit mon dessein.

J'avois trouvé la brune fort aimable, je m'étois apperçûë qu'elle ne haissoit pas le jeune homme; il pouvoit l'aimer aussi lui, & quand il ne l'auroit pas aimée, l'honneur de plaire à la belle, valoit bien qu'on ne s'exposât pas légerement à le perdre.

Oh bien! ma chere, je voulois triompher de l'estime qu'apparemment il faisoit de cet honneur, & lui faire abandonner sa maîtresse, sur la simple esperance de ratraper mon cœur. Je trouvois dans ce triomphe un ragoût infini; je sçavois bien que j'étois aimable; c'étoit une verité prouvée; mais il me sembla que je n'en avois que des preuves ordinaires. Je n'avois fait encore soûpirer que des indifferens, ou de jeunes gens sans maîtresse, qui n'étoient ni amoureux ni aimés, & je ne voyois pas qu'il y eût un si grand mystere à cela. Mon idée me fit penser que je n'étois encore qu'une enchanteresse d'un ordre subalterne, puisqu'il me restoit à faire une épreuve de mes charmes, supérieure à tout ce que j'avois fait jusqu'ici. J'étois comptable à ma vanité d'un amant qui brisât ses fers, pour s'engager dans les miens, ou qui préferât la poursuite de mon cœur, à la gloire d'en conserver un tout acquis.

Je formois-là des desseins meurtriers pour la brune en queſtion, qu'on me dit être intime amie d'une de mes parentes; mais je n'aurois pas fait grace à ma ſœur, ſi elle avoit été à la place de la brune; il s'agiſſoit d'un plaiſir de vanité coquette; & quand il ſe preſente un pareil gain à faire, parmi nous autres femmes, on en ignore encore le ſacrifice; & j'étois femme complette à cet égard; ou pour mieux dire, j'avois là-deſſus, pour ma part, l'avidité de quatre femmes enſemble.

La brune m'en a toûjours voulu depuis; elle à tort cependant; paſſe qu'elle me haït alors: encore ces reſſentimens-là ne doivent-ils durer qu'un jour? Pour moi, ſi jamais ſemblable avanture m'arrivoit, je proteſte aujourd'hui, contre la rancune qui me ſaiſira, & dont la durée excedera le tems que je viens de te dire.

*Suite de la Lettre de M. M***

TU te ressouviens bien, ajoûta la Dame à sa compagne, en continuant son histoire, que j'avois déja deux amans : j'en retenois un, parce que j'étois coquette; mais le cœur me parloit pour l'autre; & pour entretenir deux amans de cette espece, il faut du manége.

Il est difficile de se conserver des plaisirs de vanité, qui nuisent à tous momens à ceux que le cœur veut prendre; & d'ailleurs une coquette, en pareil cas, oublie souvent de l'être, ou du moins pour veiller à sa gloire, pour la trouver touchante, il faut qu'elle s'avise d'y penser; mais elle pense à son amour, sans s'en aviser; elle n'a besoin que de sentimens pour en goûter les douceurs; & ce sentiment, elle ne le cherche point; il est toûjours tout trouvé.

C'est donc un grand embarras que d'avoir à garder deux conquêtes pareilles aux miennes; & il falloit être

être bien hardie pour en méditer une troisiéme.

Mais, il faut te l'avoüer; je ne suis point faite là-dessus, comme les autres femmes; ce n'est pas même à force d'esprit & de finesse que je me démêle de ces intrigues; je ne réflechis jamais; je badine, & je sens: voilà tous mes talens; c'est avec cela que je me suis toûjours tirée d'affaire. Les mesures les plus délicates, les tours les plus subtiles ne coûtent aucun effort de pensée; j'ai là-dessus une adresse de temperamment; j'agis par instinct, toûjours à propos, & toûjours me divertissant de tout, même de la violence que je me fais avec mes amans, pour ne point donner d'avantage à celui que j'aime, sur celui que je n'aime point.

Autant que j'en puis juger cependant, je crois que cette souplesse de cœur & d'esprit, cette audace à tenter plusieurs conquêtes, à vouloir me les conserver, malgré leur nombre, quand elles sont faites, cet art de surmonter alors des difficultés que je ne prévois jamais, & dont j'ai l'habileté de me tirer, sans tâcher d'être habile; ce talent d'être impunément coquette, de faire soûpirer mes amans sous le joug d'une coquetterie actuelle, dont aucun d'eux ne m'accuse, qu'ils ne devinent point; je crois, dis-je, ne devoir ces avantages qu'à l'insatiable envie de sentir que je suis aimable, & qu'à un goût dominant pour tout ce qui m'en fait preuve.

Vois-tu, mon enfant; si j'ai quatre amans, j'ai pour moi-même un amour, de la valeur de tout celui qu'ils ont pour moi. Oh! il faut que tu sçaches que le plaisir de s'aimer si prodigieusement, produit naturellement l'envie de s'aimer encore davantage; & quand un nouvel amant m'acquiert ce droit; quand je me vois les délices de ses yeux, je ne puis t'exprimer ce que je deviens aux miens. Mes conquêtes presentes & passées s'offrent à moi; je vois que j'ai sçû plaire indistinctement, & je conclus en tressaillant d'orguëil & de joye, que j'aurois autant d'amans qu'il y a d'hommes, s'il étoit possible d'exercer mes yeux sur eux tous.

Et même alors, en concluant ce que je dis là; je vois en idée les regards que sçavent porter mes yeux; je les admire; j'en deviens amoureuse; le charme m'en émeut intérieurement; je brûle de trouver quelqu'un qui les éprouve: & si chemin faisant, il se presente un objet, pour qui mon cœur se déclare, c'est une avanture agréable, un bénefice dont je joüis par surérogation, qui dure autant qu'il peut, & qui n'interrompt nullement mes desseins de conquête.

Toutes ces parantéses que je mêle au recit de ma vie, vont à ton instruction; voilà pourquoi je me les permets volontiers. Jusqu'ici ton amour propre n'étoit qu'un maladroit, qui prenoit ses interêts à gauche: je crois pourtant m'apercevoir qu'il est de bonne trempe, & qu'il ne tient qu'à lui de s'évertuer. Songe bien, ma fille, a méditer sur l'avidité du mien, & sur la préference que je donne au plaisir d'être aimée, sur celui d'aimer moi-même : échauffe ton orgueïl de l'idée de regner sur plusieurs cœurs, & tu sentiras que l'art de conserver ses conquêtes, naît du desir bien ardent de les faire : continuons à present.

La Comedie finit ; le jeune homme dont je t'ai parlé, la belle brune avec laquelle il étoit, & leur compagnie, se leverent pour sortir de leur loge : personne de la mienne ne remuoit encore ; mais je me levai pour inviter les autres à en faire autant. J'avois envie de rencontrer mon fugitif en descendant l'escallier : j'y reussis, il me salua d'une réverence que j'interprêtai encore, car elle étoit parlante : c'étoit un deffi qu'il faisoit au pouvoir de mes charmes. Je fermai les yeux sur l'injure, & je resolus, sur le champ, de tourner sa vanité même à mon avantage.

Je sentis, je ne sçai comment, qu'en pareil cas, le plus sûr moyen de triompher d'un fanfaron, c'étoit de feindre de le regretter. Le plaisir que vous lui faite, en flattant la bonne opinion qu'il a de lui, l'attire insensiblement à vous, pour l'amour de vous-même. Il se charge, sans y penser, d'une reconnoissance qui le conduit à l'amour; d'abord il s'humanise par curiosité, pour la joye que vous aurez de le voir revenir; mais il paye enfin de tout son cœur, le plaisir superbe de voir agir le vôtre.

Monsieur, dis-je, au jeune homme, en m'aprochant de lui avec un sérieux que la dupe prit pour un dépit; il y a six mois que je vous prêtai les *Lettres Portugaises*: ce livre n'est point à moi; on me le redemande, & je vous prie de me le renvoyer.... J'irai vous le rendre moi-même, au hazard d'être encore raillé, me répondit-il, du ton d'un homme, qui veut bien laisser entrevoir qu'il pourroit devenir traitable.... Non, lui dis-je, un laquais suffit; je ne vous raillerois pas, mais je ne vous renvoyerois pas plus content.

Je prononçai ces derniers mots

en le quittant, ſans le regarder, & avec un dédain, qui, ſans doute, lui parut alors tenir la place d'un ſoûpir.

Il ne me répondit point, mais je m'apperçûs bien que ſa vanité mordoit à l'hameçon. Pour moi, qui l'avois abordé très-froidement, je gardai toûjours un maintien uniforme; je remarquai qu'il jettoit les yeux ſur moi à la dérobée, & qu'il avalloit, à longs traits, la douleur dangereuſe de me voir ſérieuſe; ce qui, dans cette occaſion, valoit autant que me voir triſte.

Nous remontâmes en caroſſe, & j'attendis le lendemain, perſuadée que le jeune homme ne pourroit porter plus loin l'envie de joüir, ou de ma douleur, ou de mes timides eſperances.

Je l'attendis donc, comme en embuſcade, je veux dire que je lui fis une nouvelle friponnerie. Il vint effectivement, & me trouva dans un négligé, dont l'œconomie étoit un chef d'œuvre. J'avois laiſſé dans ma parure les marques d'une diſtraction que je n'avois pas eûë; & cela, sans préjudice des graces que j'y avois ménagées, de façon, cependant, que ces graces s'y trouvoient, sans qu'on put m'accuser d'avoir pris la peine de les y mettre; elles n'étoient-là, que parce que j'avois une figure, & qu'elles y tenoient : & je vis bien quand il entra, qu'il m'en croyoit effectivement innocente.

Je le reçûs avec un air d'indifference, qui sembloit gêner un mouvement de surprise agréable; tout cela porta coup. Voici, Mademoiselle, le livre que vous m'avez prêté, me dit-il, & je viens vous demander excuse de l'avoir gardé si long-tems. Cela ne vaut pas la peine, Monsieur, lui dis-je, & je pardonne aisément de pareilles fautes. Je serois au désespoir d'en avoir de plus grandes à me reprocher, repartit-il. Brisons là-dessus, répondis-je vivement, & avec une adresse qui paroissoit exclure une explication qu'elle amenoit : brisons là-dessus, je vous pardonne tout. Mais, Mademoiselle, me dit-il, charmé de voir que je lui pardonnois, du ton dont on accuse ; de grace, apprenez-moi mes crimes.

Changeons de discours, ou je vous quitte, lui répondis-je impatiemment, en me levant, & faisant quelques pas.

A ce transport, le petit orguëilleux content, & rassassié de gloire, me sçut si bon gré du mérite que lui supposoit ma colere, qu'il se jette à mes genoux transporté d'aise, & me prit une main que je ne voulus pas avoir la force de retirer d'entre les siennes ; car il falloit qu'à mon emportement succedât une tendre indulgence. Ce sont deux sentimens, qu'en pareil cas, la nature a liés l'un à l'autre.

Il donnoit mille baisers à ma main : les souffrir, c'étoit faire un doux aveu du plaisir que j'avois de le revoir tendre ; & dans cet aveu même, il entroit d'amoureuses plaintes de son inconstance passée.

Je ne sçai si tu conçois comment mon action pouvoit signifier tout ce que je dis ; mais il est certain que peu

peu de chose, en amour, contient souvent le sens de plusieurs pensées.

Mais, ma chere, le plus plaisant de l'histoire, c'est qu'au milieu de tout cela il m'arriva un accident que je n'avois pas mis en ligne de compte dans mon projet, c'est que je pris ma part au plaisir d'un raccommodement que je n'avois médité que par coquetterie; je dis ma part en amour, ce n'étoit plus vanité, c'étoit tendresse; apparemment que mon cœur voulut profiter aussi bien que le sien de l'occasion d'être bien aise; le fripon me remit sur mon siége, & là, mon attendrissement redoublant le sien, il m'embrassoit les genoux avec une ardeur prouvée par quelques larmes, qui me parurent differentes de celles qui viennent du don d'en sçavoir verser.

Dans cet état, oüi! s'écrioit-il, Mademoiselle, j'ai fait mille crimes, puisque j'ai pû vous être inconstant, si c'est l'être, que de négliger un bien, dont une étourderie de jeunesse, dont mon peu d'experience me laissoit ignorer le prix. D'autres objets m'ont amusé quelque tems, je l'avoüe, mais il y a plus de quatre mois que mon cœur expie sa faute, qu'il vous regrette, qu'il adore votre image, & je n'osois paroître. Je me trouvois trop indigne d'obtenir grace; & je le suis encore, je le serai toûjours, malgré mon repentir. Oüi! ma chere maîtresse; oüi, punissez-moi, vangez-vous, en me permettant de vous voir; plus je vous verrai, plus je pleurerai la perte de votre cœur.

De tems en tems le fripon s'interrompoit d'un baiser qu'il donnoit à ma main, c'étoit malgré moi, mais je ne l'en empêchois pas. A te dire le vrai, je me sentois étourdie; ses caresses, ses larmes, ses regrets me faisoient trembler de peur & de plaisir. L'occasion étoit vive, le jeune homme vif, moi vive aussi: levez-vous, lui dis-je, en baissant ma tête auprès de la sienne; il me vola un baiser; je m'en fâchai, sans pouvoir m'en mettre en colere: je craignis son désordre & le mien; assoyez-vous, lui dis-je, d'une voix plus ferme que mon cœur; je le veux, aſſoyez-vous.

Il ſe levoit, quand j'entendis du bruit dans l'anti-chambre ; c'étoit celui de mes deux amans, pour qui j'avois du penchant qui venoit.

A Madame * * *

JE vous tiens parole, Madame, ou plûtôt je vous obéis ; car ce qu'un amant promet, à ce qu'il aime, vaut un devoir d'obéiſſance envers ſon maître.

Vous avez raiſon de vouloir être inſtruite des mœurs & du caractere des habitans de Paris, & de tout ce qui ſe pratique dans cet Abregé du Monde.

Paris eſt le centre des vertus & des vices; c'eſt le lieu où les méchans dévelopent leur iniquité; l'endroit où ſe manifeſte toute leur capacité de mal-faire. La raiſon de cela, Madame, eſt qu'ils ont abondance d'occaſions, & que l'exercice met en œuvre & perfectionne leurs mauvaiſes diſpoſitions.

Les vertus n'y regnent pas moins que les vices ; mais elles y regnent ſans bruit & ſécretement. Les Juſtes y compoſent un parti ignoré de la foule des hommes. On y voit encore un troiſiéme ordre de perſonnes ; ce ſont d'honnêtes gens d'une probité morale qui n'a pour principe, ou qu'un heureux caractere qui les porte à vivre avec honneur, ou qu'un goût de ſageſſe philoſophique, qui les maintient dans un eſprit de juſtice & d'union avec les hommes. Ce ſont de ces gens, qui bornés à ſatisfaire leurs petits plaiſirs, tâchent, autant qu'ils peuvent, de ne troubler ceux de perſonne ; de ces gens, en un mot, qui adoptent le frein des Loix, moins, ſi vous voulez, par reſpect pour elles, que par ménagement pour le préjugé public.

Cette Secte, Madame, ne laiſſe pas que d'être un peu pyrrhonienne ; car elle n'a de vertus que par convention ; mais vivre bien avec les hommes, & penſer autrement qu'eux, eſt une choſe qui paroît ſi belle & ſi diſtinguée, que dans bien dès endroits à Paris, vous ne paſſez pour homme d'eſprit, qu'autant qu'on vous croit confirmé dans cette impieté philoſophique.

Je m'étendrois là-deſſus davantage, ſi je ne prévoyois que dans la ſuite de cette Relation, l'occaſion ſe préſentera d'en parler encore : Venons à d'autres matieres.

CHAPITRE I.

Il eſt difficile de définir la Populace de Paris, je vais pourtant tâcher de vous en donner quelque idée.

Imaginez vous un monſtre remué par un certain inſtinct, & composé de toutes les bonnes & mauvaiſes qualités enſemble ; prenez la fureur & l'emportement, la folie, l'ingratitude, l'inſolence, la trahiſon & la lâcheté ; ajuſtez tout cela, ſi vous le pouvez, avec la compaſſion tendre, la fidelité, la bonté, l'empreſſement obligeant, la reconnoiſſance & la bonne foi, la prudence même ; en un mot, formez votre monſtre de toutes ces contrarietés ; voilà le peuple, voilà ſon génie.

Pour en achever le portrait, il faut lui ſuppoſer encore une néceſſité machinale, de paſſer en un inſtant du bon mouvement au mauvais : Détaillons à preſent ce caractere.

Le Peuple eſt une portion d'hommes, qu'une égalité de baſſeſſe dans la condition réünit : Ils ſe querellent, ils ſe battent, ſe tendent la main, ſe rendent ſervice & ſe deſſervent tout à la fois : un moment voit renaître & mourir leur amitié ; ils ſe raccommodent & ſe broüillent, ſans s'entendre. Le Peuple a des fougues de ſoumiſſion & de reſpect pour le grand Seigneur, & des ſaillies de mépris & d'inſolence contre lui : un denier donné par deſſus ſon ſalaire, vous en attire un dévoüement ſans reſerve ; ce denier retranché vous en attire mille outrages : quand il eſt bon, vous en auriez ſon ſang ; quand il eſt mauvais, il vous ôteroit tout le vôtre : ſa malice lui fournit des moyens de nuire, que l'homme d'eſprit n'imagineroit jamais. Tel est le pathétique de ses discours, qu'il laisse parmi les plus honnêtes gens, & les meilleurs esprits, une opinion de bien ou de mal, pour ou contre vous, qui ne manque pas de vous servir ou de vous nuire.

Le Peuple à Paris, a tous les vices qu'il se reproche dans ses querelles.

Une chose m'a toûjours surpris : deux femmes s'accusent de mauvaise vie, citent les lieux & les circonstances: les assistans croyent tout; la querelle finit & ne leur a fait aucun tort.

Les femmes entr'elles, ne rougissent pas de l'opprobre dont elles se chargent ; leur motif de honte est d'avoir été vaincuës en coups ou en injures.

Plus une femme a la voix vigoureuse, & plus celle avec qui elle se querelle, a de tort.

Plus une querelle a de témoins, plus elle s'échauffe : ce n'est plus tant alors une vraïe colere qui anime les combattantes, qu'une émulation d'invectives.

Personne ne caracterise plus éloquemment que le Peuple.

On lui inſpire aiſément de la confiance; mais quand il la perd, il deshonore.

Toute belle que vous êtes, Madame; ſi le hazard vous avoit attiré le courroux d'une femme du Peuple; elle vous feroit rougir de vos propres charmes. L'union des gens mariés parmi le Peuple, eſt la chose du monde la plus divertiſſante; vous diriez à les entendre ſe parler & ſe répondre, qu'ils ne peuvent ſe ſupporter & qu'ils ſouffrent de ſe voir.

Voici la réflexion que je fais là-deſſus, Madame: Un mot plus haut que l'autre, broüille des époux honnêtes gens; pour quoi cela? c'eſt que leur commerce eſt ordinairement honnête: cette honnêteté ceſſe-t-elle un moment? l'union s'altere. Les gens mariés d'entre le Peuple, ſe parlent toûjours comme s'ils s'alloient battre; cela les accoûtume à une rudeſſe de maniere, qui ne fait pas grand effet, quand elle eſt ſerieuſe & qu'il y entre de la colere: une femme ne s'allarme pas de s'entendre dire un bon gros mot, elle y est faite en tems de paix comme en tems de guerre ; le mari de son côté n'est point surpris d'une réplique brutale, ses oreilles n'y trouvent rien d'étrange ; le coup de poing seulement avertit que la querelle est serieuse ; & leur façon de se parler en est toûjours si voisine, que ce coup de poing ne fait pas un grand dérangement.

Sçavez-vous bien, Madame, qu'à tout prendre, il y a plus de gain dans cette façon de se traitter, que dans celle des honnêtes gens.

Je compare l'union de ces derniers à une mer calme : les deux époux y voguent en paix ; vient-il un seul coup de vent ? il porte l'allarme dans la barque, & nos époux accoûtumés à une longue bonace, ne se remettent que longtems après, de leur frayeur.

La même comparaison me servira pour figurer l'union des gens du Peuple.

Cette mer pour eux, est toûjours agitée ; les vents & les éclairs y regnent ſans interruption ; la barque va ſon train, ſans s'en appercevoir : la tempête lui eſt familiere, la foudre tombe quelquefois ; mais elle eſt une ſuite ſi naturelle de l'orage, que la barque tâche de ſe réparer ſans en avoir fremi. Manie de politeſſe à part, la mer agitée me paroît preferable à la mer calme.

Je n'aurois jamais fait, ſi je ne voulois rien obmettre dans le portrait du génie du Peuple inconſtant par nature, vertueux ou vicieux par accident ; c'eſt un vrai Cameléon qui recoit toutes les impreſſions des objets qui l'environnent.

Là-deſſus, vous vous imaginez que le Peuple eſt méchant ; vous avez raiſon ; mais il n'a point une méchanceté de réflexion ; c'eſt une méchanceté de hazard, qui lui vient de ce qu'il voit ou de ce qu'il entend, il devient méchant, comme il devient bon, ſans le plus ſouvent être ni l'un ni l'autre.

Il exprimera, par exemple des cris de malédiction contre les gens d'affaires ; non pas qu'il ait conclu qu'ils le méritent, mais la voix publique les annonce haïssables : voilà le Peuple irrité contre eux.

On alloit un jour faire mourir deux voleurs de grands chemins ; je vis une foule de Peuple qui les suivoit ; je lui remarquai deux mouvemens qui n'appartiennent, je pense, qu'à la populace de Paris.

Ce Peuple couroit à ce triste spectable avec une avidité curieuse, qui se joignoit à un sentiment de compassion pour ces malheureux ; je vis même une femme, qui la larme à l'œil, couroit tout autant qu'elle pouvoit, pour ne rien perdre d'une exécution dont la pensée lui moüilloit les yeux de pleurs.

Que pensez-vous de ces deux mouvemens ? pour moi, je ne les appellerai ni dureté ni pitié. Je regarde en cette occasion, l'ame du Peuple, comme une espece de machine incapable de sentir & de penser par elle-même, & comme esclave de tous les objets qui la frapent.

Par ce systême, je vois, clair comme le jour, la raison de ces deux mouvemens contraires : on va faire mourir deux hommes ; l'appareil de leur mort est fort triste : voilà la machine frappée d'un mouvement assortissant ; voilà le Peuple qui pleure ou qui se contriste.

L'exécution de ces hommes a quelque chose de singulier : voilà la machine devenuë curieuse.

Je gagerois que le Peuple pourroit, en même tems, plaindre un homme destiné à la mort, avoir du plaisir en le voyant mourir, & lui donner mille malédictions.

Que dirons-nous encore de lui ? il est de certains endroits à Paris, Madame, où le Peuple est en possession d'une liberté despotique dans le langage, & souvent dans les actions : il y regne souverainement ; il y parle de tout & n'y craint personne : achetez-vous quelque chose aux Marchez publics ; par exemple, votre honneur, votre taille, votre visage y sont à la discretion des Marchandes : il faut opter, ou d'être dupé ou d'être maltraitté, dans ces endroits qu'on pourroit appeller l'Empire des Amazones: vous avez autant de Juges & de Parties, qu'il y a de femmes; si la colere d'une d'entre elles vous déclare coupable, c'en est fait; toutes les autres vous condamnent sans consultation & vous exécutent à la même heure : toute la liberté qu'on vous laisse, c'est de vous sauver; & vous ressemblez, en ce cas, à ces Soldats qui passent par les baguettes en courant.

Je connois un de mes amis, homme d'esprit & de bon sens, qui me disoit un jour, en parlant du genie du Peuple : le moyen le plus sûr de connoître ses défauts & ses vices, seroit de familiariser quelque tems avec lui, & de lui chercher querelle après. On a trouvé l'invention de se voir le visage par les miroirs : une querelle avec le Peuple seroit la meilleure invention du monde; pour se voir l'esprit & le corps ensemble. Une aimable fille entendant parler ainsi mon ami, nous dit, en badinant : tous mes amans me disent belle; ma glace & mon amour propre m'en disent autant; mais, pour en avoir le cœur net, quelque jour en carnaval j'userai de l'invention dont vous parlez.

Qu'ajoûterai-je encore sur le caractere du Peuple?

Les devots d'entre le Peuple, le sont infiniment dans la forme : la vraïe pieté est au dessus de la portée de leur cœur & de leur esprit.

Une grosse voix dans un Prédicateur les persuadent; ils ne comprennent rien à ce qu'il dit, mais il crie beaucoup & les voilà pénetrés.

Ainsi, je ne conseillerois à personne, de compter beaucoup sur la religion du plus dévot personnage d'entre le Peuple : de là vient aussi, qu'il est aisé d'en corrompre le plus honnête homme; car, pour l'engager au crime, il ne s'agit pas de gagner son esprit, on a bon marché de cette piéce; il faut seulement effacer une impression par une autre : celle du céremonial de la religion qui les a rendu pieux, par l'impression d'une offre qui le chatoüille.

Vous m'avoüerez qu'on peut faire tout ce qu'on veut d'un homme qu'il ne s'agit que de toucher sensiblement ; l'impression la plus fraîche est toûjours la victorieuse.

Ne vous attendez pas, Madame, que j'épuise la matiere là-dessus ; je n'en dirai plus qu'un mot.

Le Peuple dans les Provinces, reconnoît autant de maîtres, qu'il est de gens au-dessus de lui.

L'interrêt seul ici, fait la vraïe dépendance du Peuple. Le Cordonnier y va de pair avec le Duc & le Marquis : si l'on ne veut pas qu'il manque de respect pour ces grands noms, il faut acheter son hommage. L'argent est le seul titre de grandeur qu'il révére : le Peuple est comme un gros mâtin ; le mâtin aboye après tout ce qui passe ; jettez-lui un morceau de pain, il vous caresse.

Ainsi, Madame, si vous venez jamais à Paris ; en cas que vous ayiez affaire au Peuple, prenez avec lui des mesures qui mettent vos charmes à l'abri de la correction.

CHAPITRE II.

LE BOURGEOIS.

Le Bourgeois à Paris, Madame, est un animal mixte, qui tient du grand Seigneur & du Peuple.

Quand il a de la noblesse dans ses manieres, il est presque toûjours Singe: quand il a de la petitesse, il est naturel; ainsi il est noble par imitation, & Peuple par caractere.

Entre les Bourgeois, la cérémonie est sans fin: je crois en sçavoir la raison, en suivant toûjours mes principes.

Il regne parmi les gens de qualité, une certaine politesse dégagée de toute fade affectation: cette politesse n'est autre chose qu'une façon d'agir naturelle, épurée de la grossiereté que pourroit avoir la nature.

Le Bourgeois voudroit bien imiter cette politesse; mais malheureusement, son premier effort pour cela, le tire de l'air naturel, & tout ce ce qu'il fait eſt cérémonie.

Le Bourgeois dans ſes ameublemens, ſes maiſons & ſa dépenſe, eſt ſouvent auſſi magnifique que le ſont les gens de qualité ; mais, la maniere dont il produit ſa magnificence, a toûjours certain air ſubalterne qui le met au deſſous de ce qu'il poſſéde : y paroît-il indifferent? on voit qu'il gêne ſa vanité : en joüit-il avec faſte ? il s'y prend avec petiteſſe.

Le Bourgeois eſt quelquefois fier avec les gens au deſſus de lui, mais c'eſt une fierté qu'il ſe donne, & non pas qu'il trouve en lui ; il fait comme ceux qui ſe hauſſent ſur leurs talons pour paroître plus grands.

Un Bourgeois qui s'en tient à ſa condition, qui en ſçait les bornes & l'étenduë, qui ſauve ſon caractere de la petiteſſe de celui du Peuple, qui s'abſtient de tout amour de reſſemblance avec l'homme de qualité, dont la conduite en un mot, tient le juſte milieu ; cet homme ſeroit mon Sage.

Généralement parlant, à Paris,

vous trouverez de la franchise & de l'amitié dans le Bourgeois; mais, il ne faut point le tâter sur sa bourse : une froideur subite & l'éloignement succederont aux marques d'affection que vous en aurez reçû : le Bourgeois alors, se fait, de vous fuir, un principe de sagesse & d'habileté; il se croiroit votre dupe, s'il vous avoit obligé.

Je connois un homme qui avoit été longtems en commerce d'amitié avec un Bourgeois. Il eût un jour, un besoin pressant de quelque somme d'argent : il écrivit au Bourgeois & le pria de la lui prêter. Je me trouvois chez lui, quand il reçût la lettre : il lui répondit qu'il lui étoit impossible de lui faire ce plaisir : lorsque le Laquais fut parti : Monsieur.... me demande de l'argent à emprunter, me dit-il : malpeste, qu'il est fin avec ses amitiés? mais, j'en sçai autant que lui. Monsieur, répondis-je, il n'y a pas grande finesse à avoir besoin d'argent & à en demander à ses amis : Bon! ses amis, reprit-il, il en a cinquante comme moi; mais, il n'aura garde de leur proposer la chose; il sçait bien qu'il n'y auroit rien à faire, & il m'a cru plus sot qu'un autre; peut-être plus genereux, répondis-je: il n'y a plus que les bêtes qui le font, me dit-il.

Parlons un peu des Dames Bourgeoises; car, vous avez, sans doute, plus d'envie de connoître les personnes de votre sexe que celles du nôtre.

Comme je n'ai d'ordre que le hazard dans cette Relation, je ne ferai point difficulté de vous dire ici ce que j'aurois pû vous dire ailleurs.

C'est qu'il y a differentes Bourgeoises: le Commerce, par exemple, est un mêtier qui fait un espéce de Bourgeoisie: la Pratique fait une autre espéce, & dans ces deux espéces-là, il y a encore une difference du plus au moins.

Je suis tenté de vous dire, que pour l'ordinaire, les Bourgeoises Marchandes sont de grosses personnes bien nourries: vous en trouvez de fort brusques, qui vous querellent presque au premier signe de difficulté que vous faites : vous en trouvez d'affables ; mais, d'une affabilité vive & bruïante. Rien n'est épargné pour vous faire plaisir : on devine ce qui vous plaît : faites un geste de tête, toute la Boutique est en mouvement : cet empressement d'actions est entremêlé, comme je vous l'ai dit, d'un torrent de douceurs & d'honnêtetés.

Un jour, un Provincial nouvellement débarqué dans Paris, entra dans la Boutique d'une de ces Marchandes pour acheter quelque chose de considerable. D'abord, salut gracieux, étalage empressé ; la marchandise ne lui plaisoit pas, il mâchoit un refus de la prendre & n'osoit le prononcer : la reconnoissance, pour tant d'honnêtetés, l'arrêtoit : plus il hésitoit, plus la Marchande chargeoit son homme de nouveaux motifs de reconnoissance. De dépit de lui voir prendre tant de peine, & de n'avoir pas la force d'être ingrat, il se leve & tire sa bourse; tenez, Madame, lui dit-il, votre marchandise ne me convient pas, & je n'ai nulle envie de la prendre; vous m'avez accablé d'honnêtetés & j'en enrage; je n'ai pas le front de sortir sans acheter; voilà ma bourse, je vous laisse la liberté de me vendre ou de me renvoyer; le dernier m'obligera davantage. Ce discours ne démonta pas la Marchande : il crut, le pauvre homme, avoir trouvé le secret de se tirer d'affaire avec honneur : ce que vous me dites, est trop obligeant, lui dit-elle, je n'ai pas le coeur moins bon que vous, Monsieur, & je ne puis répondre mieux à la bonté du vôtre, qu'en vous vendant ma marchandise : j'en sçai la valeur & vous seriez assûrément trompé ailleurs; je veux vous faire du bien malgré que vous en ayiez. Là-dessus, elle ouvrit la bourse, en prit ce qu'il lui falloit, fit couper la marchandise & la livra à notre Provincial, de qui cette action avoit dissipé la honte; mais il n'étoit plus tems d'être courageux.

Vous me direz là-dessus, que toute Marchande n'auroit point été capable de profiter de la bêtise de l'autre avec autant d'esprit ; mais, vous serez bien surprise, quand je vous dirai qu'elle en avoit fort peu, quoiqu'il y eût bien de la finesse dans sa replique.

Il y a à Paris, un certain esprit de pratique parmi les Marchands : rien n'est plus adroit, plus souple, plus spirituel que leur façon d'offrir à qui vient acheter. Vous croyez que cette souplesse veut réellement de l'esprit, & qu'elle est mieux ou moins bien pratiquée, par ceux ou celles qui ont plus ou moins d'esprit : point du tout : cette souplesse, cet art de captiver la bienveillance, d'embarasser la reconnoissance, n'est qu'un métier qui s'apprend, comme celui de Tailleur ou de Cordonnier : les plus spirituels n'y sont pas les plus parfaits : dans cet art, un Garçon de Boutique épais & pesant d'intellect, y sera le plus habile.

Il me vient une pensée assez plaiſante ſur le babil obligeant des Marchands dont j'ai parlé : je les compare aux Chirurgiens qui, avant que de vous percer la veine, paſſent longtems la main ſur votre bras pour l'endormir : les Marchandes, pour tirer l'argent de votre bourſe, endorment auſſi votre interêt à force d'empreſſemens & de diſcours ; & quand le bras eſt en état, je veux dire, quand elles ont tourné votre eſprit à leur profit, le coup de lancette vient enſuite, elles diſpoſent de votre volonté, elles coupent, elles tranchent, elles vous arrachent votre argent, & vous ne vous ſentez bleſſé que quand la ſaignée eſt faite.

La Boutique de ces Marchandes eſt un vrai coupe-gorge pour les bonnes gens qui n'ont pas la force de dire non. Etes-vous belle & jeune ? elles vous cajolent ſur vos appas en déployant leurs marchandiſes : ces complimens ne ſont point étrangers à la vente ; on diroit qu'ils ſont partie de la marchandiſe même. Vous êtes cajollée, vous écoutez, vous leurs en sçavez gré, vous vous prévenez pour elles, tout cela, sans que vous vous en apperceviez. Etes-vous vieux ou vieille? elles ont des recettes de surprises pour tout âge. Etes-vous jeune homme? elles font en sorte qu'un peu de galanterie vous amuse; pendant lequel tems la bourse se délie & l'argent est jetté sur la table, tout en badinant. Vous me demanderez peut-être, Madame, si la bonne-foi regne dans la Boutique des Marchands.

Si vous entendez par cette bonne-foi une certaine exactitude de conscience sans détour, en un mot cette bonne-foi prescrite à la rigueur par la Loi; je vous répondrai franchement que je n'en sçai rien : en revanche, je vous dirai qu'il peut s'y trouver une bonne-foi mitigée, qui dégagée de la séverité du Précepte, s'accommode à l'avidité que les Marchands ont de gagner sans violer absolument la Religion. Le Marchand partage le different en deux : la Religion veut une régu-

larité

larité absoluë, l'avidité veut un gain hors de tout scrupule. On est Chrétien, mais on est Marchand : ce sont deux contraires, c'est le froid & le chaud, il faut vivre & se sauver: Que fait-on? on cherche un tempérament : comme Chrétien, je m'abstiendrai d'un gain exorbitant; comme Marchand, je le ferai raisonnable: le malheur est, que ce n'est presque jamais le Chrétien, mais bien le Marchand, qui fixe ce raisonnable.

Ce discours sur le Commerce commence à m'enuyer : changeons de sujet sans changer d'objet. Tous les plaisirs, tous les délices de la vie sont à Paris, tellement à portée de celui qui les peut prendre, qu'il faut être d'un tempérament bien insensible, pour ne point abuser de la possibilité de les goûter. Les riches Marchands ici ne s'en refusent gueres. Il est surtout un agrément fort goûté du Bourgeois opulent, c'est, ne vous déplaise, Madame, l'agrément d'aimer une personne, qui n'est point leur femme, mais qui les traite avec autant de bonté que leurs épouſes mêmes.

A propos de ces femmes ſi bonnes, puiſque j'en ſuis à elles : détaillons un peu les differens degrés de bonté que comprend le métier de femme obligeante.

Paris, Madame, eſt aujourd'hui rempli de femmes exceſſivement bonnes, dont la charité ne fait acception de perſonne : cette ſorte de femmes poſſéde le degré de bonté le plus éminent. Il y en a d'autres d'une charité un peu inférieure, & que j'appellerai, pour quitter le langage figuré, des coquettes- parfaites.

Ce ſont de ces femmes qui n'affichent point, pour ainſi dire, l'excès de leur coquetterie, qui ne la promenent pas dans les ruës ; mais qui, ſans beaucoup de façon , la montrent toute entiere à ceux à qui le hazard la fait deviner.

Il y en a d'une autre eſpece encore, qui ſont celles à qui les Bourgeois donnent volontiers le ſuperflu de leur bien. Dans le métier de coquetterie, elles ſont ſans doute les plus honorables, & le défaut qui se trouve dans leur conduite, est à present parmi la plûpart des femmes, un si petit objet, que depuis le peuple jusqu'aux femmes de qualité, tout s'en mêle & personne n'en rougit.

Je me trouvois un jour en compagnie, j'y vis une des plus belles personnes de la Ville; je m'approchai d'elle dans le dessein de la feliciter de ses appas; elle me reçut honnêtement, mais elle avoit de grandes distractions: J'apperçus dans un coin, un homme de cinquante ans, & en rabat; il fronçoit le sourcil, & jettoit de notre côté de noirs regards, qui signifioient méchante humeur.

Un de mes amis plus au fait que moi, des mœurs & de la conduite de ceux qui composoient la compagnie, vint me tirer par la manche, m'arracha d'auprès de ma belle, sous pretexte de me dire quelque chose: Vous ne sçavez pas, me dit-il, que vous causez de l'inquietude à deux personnes, à la Demoiselle à qui vous parliez, & à celui que vous voyez dans le coin, ajouta-t'il, en me montrant mon homme à rabat. Est-ce son mari, répondis-je? Non, c'est apparemment son Pere, repris-je? ce n'est ni l'un ni l'autre, me dit-il; mais c'est un Ami, c'est un brutal dont elle a besoin. Mademoiselle de . . . n'a pas de bien, & elle est obligée d'avoir des ménagemens pour cet homme-là qui lui fait plaisir.

J'entens, répondis-je : Elle fait avec lui un troc de ce qu'elle a, contre ce qui lui manque & qu'il possede; mais, comment n'a-t'elle pas honte de se montrer en si bonne compagnie ? puisque l'on sçait le secret de son petit ménage; Vous vous mocquez, me dit-il : Si une petite bagatelle deshonoroit, il n'y auroit pas une femme ici qu'on ne dût fuir : On vit à present plus aisément dans le monde; la rareté de l'argent a fait congedier bien des scrupules, les bonnes mœurs ne sont plus si farouches; se conserver un Amant utile, est prudence. Une femme regarde même comme un bienfait, l'amour qu'un homme riche veut bien prendre pour elle ; mais enfin, répondis-je, l'honneur? Bon, l'honneur! me dit-il en m'interrompant : le public ne se scandalise plus de ces bagatelles-là & ôtez le scandale, il n'y aura plus de cruelles.

Je ne sçai plus où j'en suis, je parlois des Bourgeoises, ou des Marchandes.

Disons encore un mot sur ces dernieres.

Le Comptoir est une place d'une dangereuse conséquence pour un mari, quand sa femme est belle & qu'elle l'occupe ; les regards des curieux qui la contemplent, donnent aux siens une hardiesse, qui des yeux, passe dans le discours, & du discours dans les actions.

Une femme qui s'accoûtume à regarder ceux qui la regardent, répond aisément à ceux qui lui parlent.

Les Marchandes à Paris, peuvent au Comptoir, avoir impunément auprès d'elles un Soupirant ; mais je doute qu'elles l'ayent impunément pour leur innocence.

S'il étoit possible que la coquetterie se perdît parmi les femmes, on la retrouveroit chez les filles des Marchands; je ne crois pas qu'on soit obligé de l'y aller chercher ; les Bourgeoises de toute espece, en ont bonne provision.

La passion la plus dominante des Bourgeoises, c'est la vanité : Elle est la tige de tous les autres menus défauts qu'elles contractent. Sans la vanité, elles n'aimeroient pas la bonne chere ; sans la vanité elles ne seroient point avides de plaisirs.

La vûë d'une Bourgeoise magnifique, quoique galante, va triompher de la vertu de cinquante de ses semblables qui la verront, & qui n'auront pas autant de parure qu'elle : La preuve la plus certaine qu'elles voudroient être à sa place, c'est le mépris qu'elles témoigneront pour elle.

Parmi les Bourgeoises, la médisance n'est qu'une expression de l'envie qu'elles auroient de la mériter.

Ce qui gâte l'esprit des Bourgeoises, c'est le faste continuel qui s'offre à leurs yeux : Chaque équipage que rencontre en chemin une femme à pied, porte en son cerveau une impression de douleur & de plaisir ; de douleur, en se voyant à pied ; de plaisir, en se figurant celui qu'elle auroit, si elle possedoit une pareille voiture : Le moyen que le cerveau d'une femme tienne à cela.

Varions les matieres : laissons-là les Bourgeois & leurs femmes, pour les reprendre en chemin faisant, & parlons un peu des Dames de qualité.

C'est-là votre ordre, Madame ; heureux ceux, qui comme vous, sçavent en rendre la chimere respectable, & qui par leur affabilité, restituent à l'ignoble, comme un équivalent de l'égalité naturelle qui est entre les hommes.

J'ai dit chimere, & ce mot est sans consequence, c'est le langage des Philosophes, & leurs idées ne gâtent personne sur le train établi des choses.

Pouvoir être impunément ſuperbe, parce qu'on eſt d'une grande naiſſance; ſentir pourtant qu'il n'y a point là matiere à orgueil, & ſe rendre modeſte, non pour l'honneur de l'être, mais par ſageſſe; cela eſt beau.

Etre né ſans nobleſſe, acquieſcer de bonne grace aux droits qu'on a donnés au Noble, ſans envier ſon état, ni rougir du ſien propre; cela eſt plus beau que d'être noble, c'eſt une raiſon au-deſſus de la Nobleſſe.

Ces deux caracteres d'eſprit que je viens de peindre, ſont peut-être ſans exemple; mais en revanche nous avons des fourbes qu'on appelle ſages ou Philoſophes: ils n'ont point les vertus que je viens de dire; mais ils ont de l'eſprit, & beaucoup d'orgüeil; ils font avec ces deux piéces, la même figure que s'ils étoient en effet ce qu'ils feignent d'être: Ils trompent les ſots; & les clairvoyans ſont en ſi petit nombre, qu'ils ne valent pas une exeception.

Vous ſeriez ſurpriſe de voir ici, Madame, de quel air certains hommes du plus haut rang abordent leurs inferieurs ; j'ai souvent regardé leur façon de près.

Celui-ci vous caresse, vous tend la main, vous sourit, familiarise, pourvû qu'il ait des témoins ; car, c'est un rôle de simplicité trop brillant pour le perdre dans l'obscurité. Notre homme n'est point simple, c'est un acteur qui veut être aplaudi : Il lui faut du spectacle : tous les instans ne sont pas favorables ; il en vient un : L'Acteur vous trouve : vous devenez l'instrument & la victime de sa gloire : vous restez caressé, marqué de honte, confirmé petit, insulté par l'estime que s'acquiert le perfide qui vous sacrifie, qui a joüé le public & qui s'est joüé lui-même ; car il joüit de l'aplaudissement, sans se douter que c'est un bien mal acquis.

Sur cela je fais une reflexion. De tous les hommes les plus sots, peut-être les plus miserables, ce sont les hommes orgüeilleux ; mais l'homme qui pousse l'orgüeil jusqu'à vouloir contrefaire le modeste, pour meriter l'estime qu'on donne à la modestie, cet homme là, est un petit monstre.

Un jour je me trouvai dans un endroit, où vint un de ces hauts Seigneurs, dont nous avons parlé; il se fit un écart dans la compagnie; on lui prodigua les honnêtes déferences. Messieurs, dit-il, avec un geste de main, qui mélangeoit artistement la hauteur & la simplicité; ou qui pour mieux dire, étoit équivoque de l'une & de l'autre, aussi flateur pour lui, qu'il le croyoit flateur pour nous; Messieurs, point de ceremonie, je vis sans façon, & par tout où je vais, c'est m'obliger que de n'en point faire.

Cela bien interprété, signifioit: on doit des respects à mon rang, je le sçai; je suis charmé que vous ne l'ignoriez pas, mais je vous en fais grace; vous vous êtes mis en état, & cela me suffit.

A votre avis, Madame, ai-je mal fondu ce compliment? n'est-ce pas-là le sens qu'il peut rendre? & l'inferieur n'est-il pas bien flaté d'une familiarité dont on ne l'honore, qu'en se montrant satisfait des sentimens qu'il a de sa petitesse ?

Avec cela cependant, & d'autres vertus de la même force, l'homme de haute qualité gagne le titre de Philosophe : Celui dont je vous parle, nous fit un recit qui tendoit à nous prouver sa modestie ; mais qui charioit en même temps une Historiette de ses avantages. Ce récit est de trois lignes, le voici.

Les Provinciaux sont fatiguans, nous dit-il ; je ne pûs l'autre jour me dispenser d'aller à une petite Ville dont je suis Seigneur ; j'appris que les habitans viendroient en Corps me complimenter à mon arrivée. Le Gentilhomme de France le plus ennemi de ces fadaises-là ; c'est moi : La vanité de mes Confreres là-dessus, m'est insuportable. Pour me sauver, je dis à mes gens d'arrêter à deux lieuës de la Ville, dans le dessein de n'y entrer qu'à dix heures du soir, & d'envoyer dire que je n'arriverois que le lendemain sur le soir. Mais je m'assoupis pour mes pechés, dans le lieu où je m'étois arrêté, mes gens n'oserent me reveiller, j'y passai la nuit, & par là, le lendemain je fus contraint d'essuyer une kirielle de respects ridicules : Quelle corvée ! Je baissai mes glaces, & fis le malade.

Tout ce que j'ai dit jusqu'ici, ne regarde que l'homme du haut rang; le petit noble ne peut gueres se donner ces airs mitigés de hauteur & de modestie ; la distance d'un Bourgeois à lui n'est pas assez grande, pour qu'ils soient à leur place. Dénué de ces Equipages magnifiques, de cet appareil de Domestiques qui subjugue la vanité des inferieurs à la faveur d'un sentiment de vanité même, il n'a pour toute ressource d'orgüeil, que le maigre titre de Noble; & sa Philosophie, quand il se mêle d'en avoir, n'est gueres au large avec cela.

S'il contrefait le modeste, ce ne peut être qu'avec le Bourgeois, & se modestie avec lui ne feroit pas fortune : le Bourgeois, à la verité, l'en croira sur sa mine ; mais il ne l'en loüera pas; il le trouvera seulement dans l'ordre, & si le Bourgeois est plus riche, il croira pouvoir en conscience, faire deux nombres égaux en valeur de sa roture & de ses richesses, avec la naissance & la mediocrité des biens du Noble; tant pour tant, & le compte fait, sa fierté se tient en garde.

Il y a de l'erreur, dit interieurement le noble, qui se doute bien du calcul; mais, comment faire pour la prouver au Bourgeois? le voici Madame.

Parmi les hommes. Le préjugé de la noblesse est violent; le riche Bourgeois a beau s'étourdir là-dessus, il n'y a que façon de le prendre pour le rendre au joug.

Le Gentilhomme pour cela, employe une familiarité franche; raille la Noblesse, vante le bon Citoyen, lui fait honneur de sa roture, & le confirme dans le mépris qu'il a pour les avantages de la naissance. C'est-là le hameçon qui ratrape le Bourgeois qui avoit rompu ses filets,

Comme il s'étoit attendu à quelque resistance de la part du Noble, quand il avoit arrêté son compte; il est charmé de sa docilité ; il en a de la reconnoissance, il estime, il admire enfin, celui qui a bien voulu ne pas sentir qu'il étoit Gentilhomme: Voilà le grand œuvre du petit noble Philosophe, dont l'amour propre long-temps contraint, trouve enfin la recompense de la contrainte qu'il a soufferte.

Il me semble, Madame, que vous me demandez, comment il en use avec l'Homme de qualité; c'est une autre allure; jeune, il brigue sa compagnie, son amitié, sa confidence ; quelquefois par un autre tour d'imagination, il travaille d'esprit, de geste & de dépense, pour arriver à prendre un ton d'égal à égal, il s'enfle, fait comme la grenoüille, qui veut être aussi gros que le Bœuf.

Si son bien & sa situation lui interdisent le commerce des gens de qualité, & que par hazard il ait à leur parler, il affiche sur son visage qu'il est Gentilhomme, & paroît à peu près dans le goût de ces avanturiers de Roman, casque en tête & lance au poing, & qui se vantent par la posture.

Tous ces caracteres se peuvent trouver en Province, à l'air près de societé moins aisé : Parlons de choses plus nouvelles pour vous, Madame : par exemple, disons un mot des Femmes de qualité, cela vous réjoüira.

Ostez à la Campagnarde de qualité son masque qu'elle porte; quand montée sur sa haquenée, elle traverse d'un Château à l'autre; ôtez-lui sa vanité crûë sur les antiquités de sa famille, son ton bruyant, son estomac redressé par intervalles de reflexions, l'embarras total de sa contenance, & sa marche à mouvement uniforme; car, tout cela compose l'économie de sa figure; ôtez lui son fils le Marquis & le Chevalier, petits enfans qu'elle dresse devant vous à la réverence Villageoise, & qui par fatalité, sont toûjours morveux quand ils arrivent, afin d'être mouchés du mouchoir de la mere ;

passez-moi le portrait; ôtez, lui, dis-je toutes ces choses, il ne vous reste plus rien de curieux chez elle, si ce n'est la langueur ou le ton emphatique des complimens qu'elle fait, quand elle est en ville.

Tout cela vû & entendu, le sujet est épuisé; les femmes de qualité dans ce pays, sont un spectacle bien plus varié: Les définirai-je en general? Le projet est hardi; n'importe.

La femme de qualité a tous les défauts de la Bourgeoise; mais pour ainsi dire, tirés au clair par l'éducation & l'usage. Elle possede un goût de hardiesse si heureux, qu'elle joüit du benefice de l'effronterie, sans être effrontée. Peut-être ne doit-elle cet avantage, qu'à la nature de l'esprit des hommes faciles à donner des droits plus amples à qui les étonne par de plus fortes impressions.

L'air de mépris le mieux entendu de la Femme de qualité pour la Bourgeoise; ce sont ses caresses & ses honnêtetés; & là-dessus, rien n'est

plus

plus poli que la Femme de qualité, dit la Bourgeoise ; l'innocente, qui ne voit pas le stratagême, & qui ne sent pas que par cette politesse. la voilà marquée au coin de subordination.

Dans la Femme de qualité, l'habillement, la marche, le geste & le ton, tout est formé par les graces ; mais ces graces là, la nature ne les a point faites ; ce ne sont point de ces graces qui font partie nécessaire de la figure, que l'on a sans y penser, qui nous suivent par tout, qui sont en nous, qui sont nous-mêmes : ce sont des graces de hazard, d'après coup, que la vanité des Parens a commencées, que l'exemple & le commerce aisé des autres Femmes ont avancées, & qu'une étude de vanité personnelle a finies.

Graces ridicules aux gens raisonnables, attirantes pour les jeunes gens, imposantes pour le peuple, inimitables aux Bourgeoises, quoique toujours copiées par elles ; voisines du mal dont elles applanissent les voyes, & peut-être le chef-d'œuvre de l'orgüeil. Tt

Et voilà, Madame, ce que l'on appelle air du monde.

On ne peut aisément exprimer ce que c'est que le commerce mutuel des Femmes de qualité. Sans aller même jusqu'au crime; tout est jeu pour elles; jusqu'à leur réputation, & cette réputation est un jeu pour ceux dont elles dépendent.

Parmi elles, attrape qui peut; tout passe, un bon mot tire tout le monde d'affaire; elles sont les confidentes les unes des autres, se prêtent reciproquement secours dans l'occasion, se promettent le secret, que reciproquement elles violent aussi; la médisance court, on la croise par une autre, & pendant que la demande & la repartie amusent le Public, elles restent en bonnes amies, spectatrices des effets plaisans de leur perfidie.

Il y a l'espece des Femmes tendres; ce sont celles dont le cœur embrasse la profession du bel amour; leur esprit fourmille d'idées délicates; elles aiment en un mot plus par mêtier que par passion: Un

Amant infidelle met leur talent au jour ; ſans lui on ne ſçauroit pas qu'elles ont mille graces attendriſſantes dans une affliction de tendreſſe

Il y a l'eſpece des Femmes coquettes : Celles-là font l'amour indiſtinctement; ce ſont des Femmes à promenades, à rendez-vous imprudens ; ce ſont des furieuſes d'éclat; elles ne languiſſent point, elles aiment hardiment, ſe plaignent de même ; c'eſt pour elles faveur du hazard, quand on trouve un de leurs Billets d'intrigue ; tout cela va au profit de leur gloire. Il y a les Femmes prudes ; ce ſont celles qui s'entêtent, non de l'amour de l'ordre, mais de l'eſtime qu'on fait de ceux qui ſont dans l'ordre : Elles ſont ordinairement âgées; cabale d'autant plus dangereuſe, qu'elle eſt du côté des plaiſirs dans une oiſiveté dont elles enragent. Je vous les peindrai une autre fois, Madame, en achevant l'article des Femmes de qualité qui ne fait que commencer, & où je n'ai rien dit encore des exceptions avantageuſes.

*Suite des Caracteres de M. de M**.*

DAns mes dernieres reflexions, Madame, je vous en promis de nouvelles sur les Femmes de Qualité : J'en vis l'autre jour deux ou trois qui m'en fournirent quelques-unes ; elles étoient ce qu'on appelle en négligé.

J'ai toûjours regardé cet habit, comme un honnête équivalent de la nudité même. Vous verrez dans un moment pourquoi je l'appelle équivalent : les Femmes ont un sentiment de coquetterie, qui ne désempare jamais leur ame ; il est violent dans les occasions d'éclat, quelques fois tranquille dans les indifferentes, mais toûjours present, toûjours sur le qui-vive : c'est en un mot le mouvement perpetuel de leur ame, c'est le feu sacré qui ne s'éteint jamais ; de sorte qu'une Femme veut toûjours plaire, sans le vouloir par une reflexion expresse. La nature a mis ce sentiment chez elle, à l'abri de la reflexion & de l'oubli : Une Femme qui n'eſt plus coquette, c'eſt une Femme qui a ceſſé d'être.

Mais revenons à ma thèſe. J'ai nommé le négligé, l'équivalent de la nudité même. Pourquoi, Madame? le voici.

Je vous ai dit que les Femmes étoient coquette ſans relâche. Or elles ne le ſont jamais plus, que quand elles veulent inſinuer qu'elles ne le ſont pas.

Le négligé, par exemple, eſt une abjuration ſimulée de coquetterie; mais en même tems le chef-d'œuvre de l'envie de plaire.

L'habit magnifique donne de l'éclat à l'aimable Femme; elle en devient plus curieuſe à voir, mais non pas ſi touchante; elle en eſt plus belle, & moins dangereuſe; & cet éclat étranger, qui ſaute aux yeux, étouffe l'impreſſion des graces naturelles, & divertit le ſpectateur de l'attention riſquable qu'il donneroit au reſte.

Cette façon de ſe montrer, eſt

plus ſuperbe que délicate : Uſer d'ornemens pour plaire, c'eſt s'appuyer de ſeconds, c'eſt combatre avec ruſe; & comme cela, la victoire n'eſt pas nette. Ai-je plû comme Femme ornée, ou comme Femme aimable ? Voilà la ſourde queſtion qu'en pareil cas ſe fait une Dame; argument dicté par l'amour propre qui ſe connoît en vrais avantages, & qui ſe juge à la rigueur quand il prévoit n'y rien riſquer.

Pour vuider la queſtion, on a recours au négligé ; c'eſt par lui qu'on fait une épreuve de ſes charmes, qui finit les chicanes de l'amour propre ; c'eſt par lui qu'on expoſe la verité toute nuë, & qu'on ſemble dire : me voilà telle que la nature m'a fait; voilà du moins une copie modeſte de l'original. Mais à vous dire vrai, ce modeſte eſt ſi ſuperficiel, qu'il n'eſt preſque de nulle fatigue pour l'imagination des hommes. Mais, me direz-vous, les Femmes ſçavent-elles ce libertinage d'imagination ? Je ne vous dirai pas ſi elles le ſçavent; mais, pour le peu qu'elles s'en doutent, le négligé durera long-tems.

Concluez sur tout ce que nous venons de dire, Madame, que cet habit a la simplicité, la propreté, le peu d'affectation des habits vraiment modestes; mais qu'il n'en a pas la pudeur, qu'il porte pour ainsi dire, le caractere de la peu chaste vanité qui l'inventa sans doute : quand je dis peu chaste, je n'entends pas des desseins formellement mauvais; mais de vifs sentimens de complaisance pour ses charmes; sentimens de qui vient l'art de se vêtir sans y rien perdre, & de mettre sans blâme, ses appas dans leur plus dangereuse posture.

Revenons aux Dames que je vis. Une d'elles se retira, je m'en allois aussi : Un Cavalier s'avança pour lui parler. Je m'atendis sur le champ à quelque phrase de manége, & je ne me trompai point. Laissez-moi, lui dit-elle, je me sauve, je suis faite comme une folle. Sçavez vous, Madame, ce qu'une Femme de qualité pense confusément toutes les fois qu'elle prononce ce peu de mots? Regardez moi; je ne suis point parée comme les Femmes doivent l'être; mon bon air & les graces de ma taille ne sont point équivoques ... tout nait de moi, c'est moi qui donne la forme à mon habit, & non, mon habit qui me la donne; je sçai combien je suis aimable & touchante en cet état; mais je dois paroitre ne le pas sçavoir; c'est une grace de plus, que d'en avoir tant & de les ignorer. On les voit, on les sent, on croit qu'elles m'échapent, croyez-le de même, je me sauve,, je suis faite comme une folle.

Voilà, Madame, ce que signifie le langage hipocrite dont nous parlons; & le plaisant de cela, c'est que les Hommes n'en expliquent que le sens favorable; & que leur jugement étourdi fait grace du reste à la Comedienne, & glisse sur le ridicule qu'il contient. Il y a là-dessus bien des reflexions à faire, convenables au feu de mon âge,

mais

mais d'un vrai trop voisin de la licence : Quelqu'agréable que soit ce champ d'idées qu'elles ouvriroient à mon esprit, je vous les sacrifie, Madame.

Que vous dirai-je encore? Les Femmes de qualité élevées dans les usages de Cour, qui sçavent leurs droits & l'étenduë de leur liberté, ne rougissent pas d'avoir un amant avoüé; ce seroit rougir à la Bourgeoise. De quoi rougissent-elles donc? c'est de n'avoir point d'amant, ou de le perdre. J'aurois pû dire des amans; ce plurier, ailleurs deshonorant, fait ici cortege glorieux. Chaque Païs a sa guise : On sçait à la Cour le prix de la vie, & l'on n'y admet nulle maxime qui ne tende à la faire sentir.

Nous avons dit qu'elles y rougissoient de n'avoir point d'amant : cela n'est pas difficile à comprendre, en les supposant coquettes. Une Femme qui vit sans être aimée, vit dans l'opprobre & dans la derniere des réputations; La plus galante des Femmes de Cour, a le pas sur elle dans l'esprit des Hommes. Je ne sçai même, à bien examiner l'esprit de Cour, si cette plus galante n'est pas dans mille momens la plus estimée. Ces momens sont ceux où les Courtisans ne font point de reflexions raisonnables : il seroit hardi de parier qu'ils en fissent quelque fois.

Il faut donc des amans, il faut même se les conserver. Ah ! c'en est trop, me répondrez-vous : ceci devient sérieux ; j'en conviens, Madame, & très-sérieux ; sur tout avec des amans de Cour, qui veulent bien essuyer des délais de bienséance, qui s'attendent bien à combattre des imitations de vertu, mais non pas la vertu même ; & qui sçavent à un jour près, assigner la durée raisonnable de ces imitations ; qui soupirent enfin, non, pour tâcher de vaincre, car, tâcher, suppose des efforts pour un succès douteux ; mais, parce que les soupirs sont un ceremonial qui doit préceder la récompense ; & qu'il est de l'ordre qu'une Femme paroiſſe récompenſer, & non donner d'avance.

Comment donc conſerver des amans de cette eſpece? comment? comme on peut, par des eſperances. Ah grands Dieux! Eſt-il permis d'en ſouffrir l'idée dans un Homme? une Femme a-t'elle beſoin d'un plus grand oubli de vertu pour les remplir, que pour les donner? c'eſt conteſter ſur le tems, & non ſur le crime.

Oh! Madame, attendez: ces eſperances qui vous choquent, ne ſont pas ſi criminelles que vous le penſez: Si nous parlions d'une Femme ordinaire, j'entends, Femme de Ville ou de Province, vos conſequences ſeroient juſtes. Une éducation roturiere, purgée de licence, & qui lui a appris à obſerver les vertus à la lettre, lui défend de ſouffrir un amant: le ſouffre-t'elle? elle a fait un premier pas dans la voye du crime: lui permet-elle d'eſperer? elle en a fait mille ou bien les ſera.

En effet, avant que d'en venir

là, que de diminutions journalieres dans sa sagesse! que d'inutiles travaux de pudeur! quelle succession de mouvemens libertins n'a-t'il pas fallu pour aguerrir son ame, pour la familiariser avec l'idée du crime? Elle donne des esperances, le crime est résolu; elle l'envisage, elle s'y promet. Que ne s'y livre-t'elle? ce n'est pas la pudeur qui l'en empêche, c'est le souvenir d'en avoir eu, qui la retarde.

Voilà, Madame, l'Histoire du cœur ordinaire, qui donne des esperances: Vous vous imaginez qu'il en est de même du cœur d'une Femme de Cour; mais il n'y a rien du tout de tout cela. 1°, Quoiqu'elle soit mariée, elle peut avoir un soupirant; il fait comme partie de son Equipage: Quant aux esperances qu'elle lui donne, c'est un discours en l'air, un Proverbe, un Vaudeville de Cour: en fait de galanterie, elle ne sçait pas ce qu'elle donne alors.

Mais, l'amant qui en attend l'échéance, comme d'un bon Billet, presse, s'impatiente, fait ses diligences, menace d'infidelité; & si quelqu'un alors se presente pour tenir sa place, en cas de désertion, je crois franchement qu'une Femme est en peril manifeste.

L'on voit encore une autre sorte de Femme de Cour. Il est, par exemple, des coquettes honoraires; ce sont celles qui font leurs preuves d'agrémens & de charmes, en laissant seulement aborder les amans; & qui, résoluës d'être sage, prennent de publiques attestations de la facilité qu'elles auroient à se mettre au rang des aimables folles.

Ce n'est pas là, vertu parfaite; mais que voulez-vous, Madame: la corruption est tellement sympatique avec le cœur humain, qu'on ne peut l'en purger si bien, qu'il n'y reste souvent ou la honte de n'oser paroitre sage, ou du penchant à ne pas l'être. Là-dessus, ne pourroit-on pas dire que le vice est comme l'amant cheri de l'ame? elle le regrette en y renonçant & ne le haït jamais.

Il y a des Femmes de Qualité plus courageuses encore que ces dernieres, & qui ne souffrent point d'adorateurs : On voudroit bien qu'elles fussent coquettes ; elles sçavent qu'on le voudroit bien, & le sçavent avec plaisir ; voilà leur coquetterie : Il leur est doux d'être comptées comme des beautés inaccessibles ; il leur est doux toutes sequestrées qu'elles sont de la foule, d'inquiéter les sens des spectateurs.

Je vous parlerois ici, Madame, des Femmes de qualité dévotes ; mais c'est une espece trop marquée : il vous suffit de sçavoir en general, que la dévotion dont il s'agit, les éloigne du monde, sans, le plus souvent, les approcher de Dieu.

Quand je vois ces saintes ames ; je ne puis m'empêcher de les comparer à ces soldats que leurs blessures envoyent aux Invalides. Les blessures de nos Femmes, c'est l'âge & le déchet de leurs charmes : adieu le monde, belle vocation ! Les habits, le maintien, le discours, les démarches, tout est pieux, le cœur même prend du goût pour la façon des actions pieuses ; il aime son métier ; le formulaire ambulant ou contemplatif lui en plaît ; on gémira sans douleur aux pieds des Autels, on versera des pleurs, dont la source sera, non, l'amour de Dieu, mais la vive & jalouse imitation de cet amour ; je veux dire que l'ame entrera dans son sujet, ainsi qu'un Acteur tragique entre dans la passion qu'il represente.

Mais, sans m'en appercevoir, je traite une matiere que je m'étois d'abord interdite. Peu s'en est fallu, que je ne parlasse de ceux à qui ces Dames confient leur conscience, gens au profit de qui tourne la pieté de nos Dévotes, pendant que Dieu n'en a que les honneurs.

Je ne sçai ; mais l'inquiétude, ce scrupule, toûjours renaissant, & ces visites frequentes chez l'Homme de Dieu, sont une image bien ressemblante des mouvemens d'un cœur tendre ; ce pourroit-être de l'amour qui n'a fait que changer de nom ; peut-être que l'ame s'y méprend elle-même, & qu'elle n'est jamais plus prophane, que quand elle paroît scrupuleuse.

---

*Suite des Caracteres de M. de M.***

VOus voulez que je vous parle des beaux esprits de Paris, Madame, la matiere est fine; & bien m'en prend d'avoir un zele d'obeïssance, qui m'étourdit sur les difficultés du sujet. J'oserai donc obéir; mais observez, s'il vous plaît, Madame, qu'ici tout mon devoir est d'oser, & point de réüssir; à moins qu'il ne soit vrai comme on dit, que l'amour donne de l'esprit: Nous sçaurons bien-tôt ce qu'il en faut croire; car je vais éprouver le proverbe, comme partie capable s'il en fut jamais.

Paris fourmille de beaux esprits: il n'y en eut jamais tant; mais il en est d'eux, à peu près comme d'une armée; il y a peu d'Officiers Generaux, beaucoup d'Officiers Subalternes, un nombre infini de Soldats.

J'appelle Officiers Generaux, les Auteurs, qu'en fait d'Ouvrages de goût, le Public avouë pour excellens.

Après eux, viennent les grands mediocres dans le même genre de travail, passez-moi ce nom plaisant que je leur donne, ou bien mettons-les à la tête des Officiers Subalternes ; appellons-les les premiers de ceux-là.

Imaginez-vous, Madame, un espace entre l'excellent & le mediocre; c'est celui qu'ils occupent. Leurs idées sont intermediaires ; ce n'est pas que ce milieu qu'ils tiennent soit senti de tout le monde ; il n'appartient qu'au Lecteur excellent lui-même, de les y voir; & leur caractere d'esprit, generalement parlant, leur fait tour à tour trop de tort, & trop d'honneur: trop de tort, parce que bien des gens machinalement connoisseurs du beau, ne se sentant pas assés frappés du ton de leurs idées, les confondent avec les mediocres : trop d'honneur, parce que bien des gens aussi n'ayant qu'un goût peu sûr, peu décisif, les jugent excellens sur la foi du peu de plaisir qu'ils prennent à la lecture de leurs Ouvrages.

Après eux sont les mediocres; comme les Officiers Subalternes; gens dont le talent est de fixer avec ordre sur du papier, un certain genre d'idées raisonnables, mais communes, qui suffisent pour le commerce & la conduite des honnêtes gens entr'eux, & par là si familieres, qu'elles ne meritent pas d'être expressément offertes à la curiosité du Lecteur un peu délicat.

Disons un mot en passant, des esprits du plus bas rang: ce sont des Auteurs au dessous du mediocre; gens si miserables, que c'est fortune à eux que de fixer même une idée commune dans son degré de force & de justesse.

Un si petit talent d'esprit, ne vaut pas la peine d'une plus grande analyse; qu'il vous suffise de sçavoir, Madame, que ces Messieurs n'ont point de nom: qu'on ne connoît chacun d'eux ni par la chûte ni par le succès particulier de leurs ouvrages; fusse par la chûte: ce seroit toûjours être connu par quelque chose. Un mediocre compose-t'il? s'il tombe; du moins dit-on, un tel est tombé, comme on dit un tel Officier a été tué; mais à l'égard de ces derniers, on sçait en gros, que mille de leurs productions paroissent & ne valent rien; c'est comme un bataillon qui se presente, & que le Mousquet fait tomber: qui est-ce qui s'avisera de demander le nom des Soldats morts?

Il y a d'autres Auteurs encore, que nous mettrons si vous voulez au rang des beaux esprits: ce sont les Traducteurs; ils sçavent les Langues sçavantes, ils ressuscitent l'esprit des anciens, qui, disent-ils, vaut cent fois mieux que l'esprit des modernes; du moins faut-t'il avoüer qu'ils le croyent de bonne foi, puisque nous ne voyons pas qu'ils s'estiment assez pour penser par eux mêmes. C'est agir consequemment à leur principe.

Je vous aurois parlé plûtôt d'une autre sorte d'Auteurs, si je n'avois jugé qu'ils tiendroient à injure de se voir au rang de ceux qu'on appelle beaux esprits : ce sont les Philosophes & les Geometres. J'ai quelque fois pensé au peu de cas que ces Messieurs là semblent faire des productions de sentiment & de goût ; aussi bien qu'à la distinction avantageuse que le public fait d'eux.

Le bel esprit, il est vrai, ne s'est pas fait de la Geometrie, une science particuliere ; il n'est point Geometre ouvrier, c'est un Architecte né, qui méditant un édifice, le voit s'élever à ses yeux dans toutes ses parties differentes ; il en imagine & en voit l'effet total par un raisonnement imperceptible & comme sans progrès, lequel raisonnement pour le Géometre contiendroit la valeur de mille raisonnemens qui se succederoient avec lenteur. Le bel esprit, en un mot, est doüé d'une heureuse conformation d'organes, à qui il doit un sentiment fin & exact de toutes les choses qu'il voit ou qu'il imagine ; il est entre ses organes & son esprit, d'heureux accords qui lui forment une maniere de penſer, dont l'étenduë, l'évidence & la chaleur ne font qu'un corps; je ne dis pas qu'il ait chacune de ces qualités dans toute leur force; un ſi grand bien eſt au deſſus de l'Homme; mais il en a ce qu'il en faut pour voler à une ſphère d'idées, dont non ſeulement les rapports, mais la ſimple vûë paſſe le Géometre.

A l'égard des Philoſophes, la nature & ſes principaux effets ne ſont-ils pas le nœud-gordien pour eux? nous ſommes-nous, à nous mêmes moins énigmes, qu'il y a quatre mille ans? qu'à pû penſer ſur l'Homme, un Philoſophe, qu'un bel eſprit excellent ne nous puiſſe dire, & plus ingenieuſement, & par des préceptes plus accommodés à nos façons non reflechies, de connoître & de ſentir? à entendre faſtueuſement prononcer le nom de Philoſophe, qui ne croiroit que ſon eſprit eſt d'un autre genre que celui du bel eſprit? l'Homme pour l'ordinaire eſt cependant leur ſujet commun, en quoi different-ils donc? c'eſt que l'un traite ce sujet dans un Poëme, dans une Ode; l'autre le traite dans un corps de raisonnemens qu'on appelle systême. L'un glisse l'instruction à la faveur du sentiment; c'est un maitre caressant qui vous fait des leçons utiles, mais interessantes; l'autre est un Pédagogue qui vous regente durement, & dans un triste silence.

Pourquoi donc pense-t'on plus respectueusement du Philosophe que du bel esprit? ne seroit-ce pas que le Philosophe, ou bien l'Homme au systême, nous proposant une reconoissance expresse de nous-mêmes, nous fait penser que nous sommes difficiles à comprendre, & par-là importans; au lieu que le Philosophe qui fait un Poëme ou une Ode, semble ne nous exposer à nos propres yeux, que pour nous divertir: ce dessein là ne nous fait pas tant d'honneur.

Pardon, Madame, si ceci m'a conduit un peu loin: ce que j'ai dit est une idée que j'avois depuis longtems dans l'esprit, & qui a trouvé jour. Revenons à nos Auteurs. Je ſçai que vous aimez à raiſonner; je vais tâcher de vous ſervir à votre goût.

L'amour propre eſt à peu près à l'eſprit, ce qu'eſt la forme à la matiere. L'un ſuppoſe l'autre. Tout eſprit, a donc de l'amour propre, comme toute portion de matiere a ſa forme : de même auſſi que toute portion de matiere eſt pliable à une forme plus ou moins fine & variée, ſuivant qu'elle eſt plus ou moins fine & délicate elle-même; de même encore, notre amour propre eſt-il plus ou moins ſubtil, ſuivant que notre eſprit a lui-même plus ou moins de fineſſe.

Ces principes établis, concluons que l'Auteur excellent eſt de tous les Auteurs, celui dont l'amour propre eſt le plus ſubtil.

Tâchons d'en développer le jeu: tout Homme vraiment ſuperieur, a ſentiment de ſa ſuperiorité; il a les yeux bons; il voit inconteſtablement ce qu'il eſt; or il ſe complait à ſe voir, il s'eſtime; voilà le début de ſon amour propre ; il veut des témoins de ſes avantages : en voilà le progrès ; il veut des témoins ſans faveur, naïfs, irreprochables, portant témoignage avec un étonnement qui les décele inferieurs ; il veut mettre leur propre orgüeil en défaut ; il eſt bon juge des moindres expreſſions de confuſion qui échappent à cet orgüeil ; il apprétie un geſte, le ſilence même : voilà la fineſſe de l'amour propre excellent. Mais obſervez, Madame, que cet amour propre eſt à ſon dernier periode, quand avec l'art de ces apprétiations dont j'ai parlé, il joint encore l'art de dérober ſes inquiétudes ſuperbes, & de joüir de ſes découvertes, ſans paroître y avoir tâché. Inſinuer qu'il eſt bonnement, innocemment ſuperieur, 'eſcamoter à ceux qu'il ſurpaſſe juſqu'à la triſte conſolation de l'appeller vain ; voilà ce *nec plus ultrà* de l'orgüeil d'Auteur.

Nous pourſuivrons le reſte une autrefois, Madame, il vous divertira.

Suite

*Suite des Caracteres de M. de M***

NOus Parlions l'autre jour de l'amour propre de l'Auteur excellent ou ſuperieur ; & je vous dis là-deſſus, Madame, que cet Auteur ſçavoit ſes avantages : qu'il ſe diſoit, je connois ma ſuperiorité ; cela eſt doux ; mais il me revient encore un plaiſir bien flateur à prendre ; c'eſt de voir les autres la connoitre avec moi.

Ces autres, Madame, ce ſont des hommes orgüeilleux, comme lui, qui compoſent ou qui ne compoſent pas ; mais en un mot qui ont de l'eſprit, qui ſont marqués dans le monde comme gens qui en ont beaucoup, qui s'en croyent encore davantage, parce qu'ils ſuppoſent que le Monde jaloux, louë modiquement, & que quand il va pour nous juſqu'à l'eſtime, c'eſt ſigne qu'il devroit aller plus loin : gens enfin qui ſont ſentinelle, ſur tout ce qui paroît de beau, qui vont &

viennent pour en arrêter les impressions, dans la crainte que ce beau ne leur nuise, & qu'en pensant indirectement à eux, on ne presumât pas qu'ils pûssent en faire, ou dire autant, & même plus.

Voilà, Madame, quels sont ceux de qui l'Auteur superieur veut un hommage.

Cet hommage; je vous ai dit ce que c'étoit: ce n'est le plus souvent, qu'un geste, un mot; c'est le silence même de certaine espece.

Il faut être bien fin pour expliquer de pareils signes, que la jalousie de ceux mêmes à qui ils échapent, rend obscurs: ce sont comme des énigmes dont l'Homme superieur a le talent de trouver le mot; mais il se garde bien de laisser appercevoir qu'il l'a trouvé.

Non pas qu'il paroisse indifferent aux loüanges formelles, qu'on veut bien lui donner; l'air d'indifference seroit trop grossier; & qui veut trop prouver, ne prouve rien.

Ce n'est pas là le parti qu'il prend; cela ne seroit digne que d'un mal-adroit, qui ne sçauroit pas qu'il est des occasions, où pour faire mystere de toute sa vanité, il faut en montrer un peu, parce qu'il ne seroit pas naturel de n'en point avoir alors, & de ne pas ressembler à tous les autres Hommes.

Bien loin donc d'être indifferent aux éloges, il les reçoit d'un air ingenu, & qui semble dire : tenez Messieurs, je n'y entends point de finesse ; franchement votre approbation me flate ; j'ai du plaisir à vous voir estimer ce que j'ai fait ; vous recompensez mon travail.

Et voilà, Madame, ce qui s'appelle agir en habile homme ; voulez-vous sçavoir ce qui arrive de cela ?

Il a forcé les autres à l'admirer ; ils ont rougi de se trouver inferieurs : imaginez vous, une jolie Femme qui n'a pû s'empêcher de convenir avec elle-même que ses apas le cedent à ceux de sa compagne ; quelle mortification !

Eh bien, nos gens ont senti un chagrin de la même nature : mais de la façon dont s'y prend l'Homme ſuperieur, ils ſe trouvent ſoulagés.

Ils ont pû comprendre qu'il n'a pas apperçû l'excès humiliant de leur admiration ; c'eſt autant de diminué ſur la honte de l'avoir ſenti : ils n'en ont eû de témoins qu'eux mêmes ; ce témoin là n'eſt point incorruptible, on peut ſe ſauver avec lui ; à la fin, il ſe trouvera qu'il s'eſt trompé.

D'ailleurs, cet Homme ſuperieur auroit pû ſurprendre leur ſecret, il l'ignore ; il ne leur a pas fait tout le mal qu'il pouvoit leur faire, ils l'en haïſſent moins, ils le ſupportent volontiers ; à la fin même ils lui voudront du bien, parce que l'ignorance où il eſt de ce qu'il vaut, les met plus à leur aiſe en le loüant, & rend la loüange ſans conſequence, & de pair à pair : voci un homme, diſent-ils, qui n'abuſera point de l'eſtime que nous lui montrerons ; il l'a ſimplement eſperée, & cela nous fait honneur : car eſperer un bien, c'eſt l'eſtimer ſoi-même, &

n'en regardant pas l'acquisition comme infaillible, c'est nous dire: je souhaite de l'obtenir; jugez si je le merite. Nous voici donc juges & dispensateurs de ce bien qu'il attend; c'est joüer un rôle avantageux, & plus noble que le sien même.

Après ces courtes reflexions, qui dans l'esprit de nos admirateurs, s'arrangent en un instant, & non par reprises comme ici: le croiriez-vous, Madame, l'affront s'oublie, leur dépit passe, l'art de l'Homme superieur a mis pour ainsi dire, un appareil à tout; il s'est justifié parce qu'il a sçû raccommoder les autres avec eux-mêmes, en amusant leur vanité par de petits profits, qui lui font regarder son désavantage passé comme une fausse aliarme.

Que conclure de la confiance de nos dupes, qui croyent s'être effarouchés mal à propos?

Que l'homme vraiment superieur, est celui qui sçait plier les autres à lui souffrir, à lui pardonner sa superiorité: tout homme ſuperieur qui révolte les autres, n'eſt pas ſi ſuperieur que l'on penſe; je dis, quand même on lui paſſe en ſecret qu'il l'eſt: il lui manque au moins de voir qu'il intereſſe la malice des autres à lui refuſer nettement, pour le punir, ce qu'il veut emporter à force ouverte, & ce qu'il pourroit obtenir ſans violence.

Car quoique l'Auteur ſuperieur dont je vous ai parlé, Madame, ait fait penſer aux autres qu'ils traitent avec lui de pair à pair; cependant le dépit de ſe ſentir inferieurs, les petites illuſions dont ils ont eu beſoin pour perdre ce ſentiment d'inferiorité, tant de mouvemens enfin, ont laiſſé chez eux des traces de ce ſentiment même; & l'Auteur revient ſi ſouvent à la charge, les reveille ſi ſouvent, ces traces, qu'elles ſe fortifient au point, que petit à petit les illuſions n'ont plus de priſe.

Voilà ce qui arrive en faveur de l'homme ſuperieur, quand il ſçait ſe menager.

Ses ouvrages peuvent impunément mortifier l'orgüeil des autres, pourvû que par sa conduite personnelle, il répare l'effet de ses ouvrages : il les gâte, en les appuyant de sa voix ; qu'il se réjoüisse de ce que les autres les trouvent bons, il doit alors des démonstrations de joïe à ceux qui l'environnent, & qu'il irriteroit s'il paroissoit peu touché de leur approbation : il les abbaisse par l'excès de ses talens ; qu'il les guerisse, en ne s'en prévalant que de leur aveu ; ce sera tenir d'eux ses plaisirs. Par là il calmera leur orgüeil par cet orgüeil même : s'ils ont été fachés de le sentir au dessus d'eux, ils seront flattés de penser qu'il ne se croit loüable que sur leur parole ; il gouvernera leur amour propre, tandis qu'ils s'imagineront qu'ils gouvernent le sien.

Disons encore un mot de l'Homme superieur : si par hazard il se trouve dans le monde, avec de grands mediocres, & qu'on vienne à parler d'ouvrages, quel parti croyez-vous que lui fera prendre sa vanité? de mettre les siens sur le tapis? Non, Madame, mais bien ceux des grands mediocres.

Dans le monde on est fort persuadé que ces Messieurs ont de l'esprit; mais, comme cet esprit est entre deux feux; ni excellent, ni mediocre; la reputation qu'il leur produit, est comme indécise; on ne sçait pas bien jusqu'à quel degré d'estime il faut les honorer: Parler d'eux alors, leur donner occasion de briller, c'est donner sujet aux autres de les estimer plus hardiment, & de se déterminer du moins sur leur compte, le plus favorablement qu'il sera possible; c'est leur procurer une bonne fortune de passage.

Vous me demanderez pourquoi leur prêter ce secours, & se taire sur son chapitre?

Tout doucement, Madame, car voici un des plus fins & des superbes procedés de l'amour propre, dans notre Auteur; voyons ce qu'il pense.

Il s'agit d'ouvrages; si je parle des miens, mes inferieurs parleront des

des leurs ; on me loüera, on les loüera de même, & me voilà compromis, car ils feront comparaiſon avec moi ; non, non, faiſons garder le reſpect qui m'eſt dû : je ſuis deshonoré ſi l'on me loüe, & l'éloge ici le plus digne de moi, c'eſt de n'en point recevoir. Qu'ils brillent au contraire ces inferieurs, & qu'ils brillent par moi-même ; le Géant a bonne grace à loüer la taille des Hommes ; c'eſt montrer à l'œil ſa grandeur & leur petiteſſe ; à leur égard, ils ne remarqueront pas l'affront que leur fera mon ſuffrage ; la remarque eſt au deſſus d'eux.

Voilà, Madame ce que ſignifie le ſecours dont vous vous étonniez, & que notre Auteur prête aux grands mediocres.

Une autre fois, Madame, nous verrons le reſte : je vous parlerai des Mediocres, enſuite des Traducteurs, ou des amateurs des Anciens : vous verrez les combats qu'ils ont livrés aux modernes, & leurs malheurs : preparez-vous en attendant, à les regarder comme une famille ruinée, où tout le monde, jusqu'aux Domestiques, se plaint de la partie adverse, & des indifferens même au Procès.

LETTRE A UNE DAME,

Sur la perte d'un Perroquet.

*Par M. de M****

A Paris, le jour qu'un Filou
Me prit mon argent dans ma poche,
Dans un Bateau qu'on nomme un Coche,
Qui me menoit je ne sçais où.

Car je ne me ressouviens plus où nous allions mes amis & moi qui nous étions mis là par curiosité; mais,

Que ce soit bien ou mal datté
J'ai pourtant dit la verité.

Venons au fait.

Vous m'écrivez que votre Chatte;
De sa griffe incluse en sa patte,
A tué votre Perroquet,
Comme d'un coup de Pistolet;

Oh ! la déplaisante avanture,
Et que sa petite figure
Naquit pour un étrange sort !
Oh, quelle espiegle que la mort !
Quelle diable de fantaisie ?
Car, j'en jure de tout mon cœur,
L'a donc en ce moment saisie ?
Quel est son gain dans ce malheur ?
Passe encor ; lorsqu'à leurs Provinces
Elle ravit d'aimables Princes ;
D'un Peuple entier le desespoir
Est pour elle un objet à voir.
Que d'un Magistrat équitable,
Au pauvre, aux malheureux affable ;
Elle médite le trépas :
Cela ne me surprendra pas.
Si quelque éleve de Turenne
Nous fait vaincre dans les Combats ;
Passe aussi ; quelle nous le prenne :
Nous avions besoin de son bras.
Que de crainte enfin d'être oisive ;
Sa malice toûjours active,
Porte en détail de menus coups,
Et nous enleve parmi nous,
Là, quelqu'ami, là quelque Pere,
Ici le Fils, ici la Mere ;
Ce qu'il en naît d'affliction
Vaut encore son attention.
Qu'un Amant perde sa Maîtresse
Ou qu'elle perde son Amant,
Passe ; il en résulte un tourment
Digne d'amuser la traîtresse :
Mais, vous ôter un Perroquet,
Parce qu'il avoit du caquet ;

Se détourner de son ouvrage,
Pour tuer l'Hôte d'une Cage ;
Car c'étoit là qu'on le tenoit,
Qu'il buvoit, mangeoit, raisonnoit.

En verité, Madame, j'en suis dans un étonnement qui me fait perdre la rime : Attendez cependant je la retrouve, & tout subitement là-dessus.

Il m'apparoît une pensée,
Qui, peu s'en faut, sera sensée.
Quoi ! peu s'en faut ; je vous dis net
Qu'elle le sera tout à fait.
De tout temps la mort fut perfide,
Et s'occupa de l'homicide,
Et toûjours s'en occupera,
Tant qu'au monde un humain vivra :
Mais on dit, qu'autre fois, Madame,
Quand elle frappoit Homme ou Femme ;
Amis ou Parens qui restoient,
Amerement les regrettoient.

Remarquez cela, s'il vous plaît ; & je quitte exprès le Vers, pour vous le dire : Alors donc,

Point de Procès dans les Familles ;
La Mere y voyoit sans chagrin,
Embellir & croître ses Filles :
On n'envioit point son Voisin :

L'Amant avec tendresse ;
Et jaloux d'un tendre retour,
C'étoit le cœur de sa Maîtresse
Qu'estimoit son fidel amour.
Si jusqu'à l'extrême vieillesse
Le Ciel ne prolongeoit vos ans,
Vos Heritiers ou vos Enfans,
En mourroient presque de détresse ;
Et finir à cent ans passés.
Ce n'étoit pas durer assez.

Faisons là-dessus nos petites reflexions en Prose :

Amans tendres, Meres non coquettes, Heritiers désinteressés. Voisins bons amis, Familles en paix : Quelle consequence tirer de cela ? que la mort de tout défunt affligeoit quelqu'un, & qu'il étoit plaint de tout le monde.

Et qu'ainsi, la mort dont l'office
Est de mettre au Tombeau les gens,
En prenant ce bel exercice
Joüissoit encore du supplice
De ceux qu'elle laissoit vivans:
On eut alors vû des Spectacles
Incroyables, de vrais Miracles :
L'Epouse versant sur l'Epoux,
Ou bien l'Epoux versant sur elle
Des pleurs, vrais, inconnus à nous.
Que de plaisir pour la Cruelle !
Que son métier lui sembloit doux !

Dites, Madame : Alors eut-elle
Entrepris une bagatelle ?
Sur un Oiseau porté ses coups ?
Non sans doute, la Meurtriere
Trouvoit dans la bonté des cœurs,
Une inépuisable matiere
A de plus flateuses douceurs :
Mais, ce n'est plus la même chose ;
Et le temps a fait dans les mœurs
Une étrange metamorphose.
En vain toujours sa cruauté,
Les uns des autres nous separe :
Ces plaisirs de malignité
Que goûtoit Jadis la barbare,
Sont, grace à notre iniquité ;
Devenus d'une rareté
Que maintenant, je lui pardonne
Ne trouvant presque plus personne
Qui puisse être bien regretté,
De descendre à la minutie,
De nous harceler par des riens,
Des Oiseaux ou de petits Chiens
Dont elle ignoreroit la vie :
Si nos cœurs lui marquoient encor
De plus doux objets à détruire
Et ne la réduisoient à nuire
Par un simple Perroquet mort.

Peut-être aussi que j'exagere,
Et qu'il peut vivre sur la terre
Certain nombre de bonnes gens,
De Parens, d'Amis ou d'Amans ;
Dont les cœurs de bonne fabrique,
S'unissent, s'aiment à l'antique ;

Et qu'aujourd'hui la mort encor
Fait ſon profit de leur accor :
Mais ce profit d'une journée
Ne faut-il pas quand il eſt fait
Qu'elle en revienne au Perroquet,
Pour en avoir pendant l'année.

Quand à ce profit qui dure ſi peu, vous ajoûteriez même, encore celui qu'elle peut faire, en nous enlevant certaines perſonnes abſolument neceſſaires ici bas, & qui le ſeront toûjours : vous lui donnerez dequoi la divertir, tout au plus une ſemaine : ainſi comme elle eſt avide, il lui faudra toûjours le Perroquet.

Vous ne vous attendiez pas à cette morale : Mais liſez-la ſerieuſement ; Vous n'avez ni Pere, ni Mere, & vous les avez perdus ſi jeune, que vous étiez diſpenſée de les regreter : Vous êtes veuve ; mais vous avez un cœur. Dequoi l'occupez-vous, pour ne point reſſembler aux gens de ce ſiecle pervers ? D'amitié ? jeune & belle comme vous l'êtes, il vous eſt bien difficile d'avoir des amis de notre ſexe : Jugez donc, s'il vous sera facile d'avoir des amies du vôtre. Qu'aimerez-vous donc, quelque nouvel Oiseau? Oh le digne objet! pendant qu'une infinité d'amans frapent à la porte de votre cœur, & que nul d'eux n'y peut entrer. Je me semble vous entendre d'ici : si j'aimois quelqu'un, la mort me l'enleveroit comme mon Perroquet, & ce seroit bien pis. D'ailleurs, où trouver un homme tendre, qui n'estime, comme vous l'avez dit, que le cœur? Eh, Madame, c'est bien à vos pareilles à chercher des hommes qui soient nés tendres! Ne les font-elles pas ce qu'ils doivent être? Mais, la mort vous ôtera celui que vous choisirez; le Ciel ne le permettra point; & si ce malheur arrive, du moins alors votre affliction sera-t'elle l'éloge de votre cœur; du moins, je franchis le mot, sera-t'elle raisonnable; du moins, le défunt vous laissera-t'il la satisfaction de penser, qu'en l'aimant, vous aviez fait un digne usage de votre capacité d'aimer. Hesitez-vous sur votre choix? Me voilà tout prêt de courir les risques de l'avanture : Je ne crains rien, si tous les dangers ressembloient à celui dont il s'agit ; où seroient les Poltrons ? Consultez-vous ; j'ai tout dit, & je suis avec respect.

Fin des Pieces détachées.

AVIS.

LE Lecteur ſera informé de la raiſon qui a engagé à mettre ici les ſept Feüilles de l'Indigent Philoſophe, ou l'Homme ſans ſoucy, en ſe donnant la peine de lire l'Avis de l'Imprimeur qui eſt à la tête du Tome premier de cet Ouvrage.

www.ingramcontent.com/pod-product-compliance
Lightning Source LLC
Chambersburg PA
CBHW060146100426
42744CB00007B/920

* 9 7 8 2 0 1 1 8 6 2 1 3 6 *